いまどきの選手をその気にさせる42の実践レッスン

選手に寄り添うコーチング

メンタルトレーナー
八ツ橋賀子 著

体育とスポーツ出版社

はじめに

私は指導者の方に「叱るだけの指導ではなく、できるだけほめてください」と伝えています。指導者のなかには〝ほめる＝甘やかす〟と考える方が多いようですが、いまの選手は〝ほめられる＝認められた〟と受け止めるのです。

このように、いまどきの選手を伸ばすためには、指導者の考え方や指導のあり方を変えていく必要があります。変えないと、（いまどきの）選手の可能性を消してしまい、少しおおげさな言い方をするなら人間性をも否定してしまう恐れがあるのです。

指導者に心がけていただきたいポイントが2つあります。1つは、あるできごとが起こった場合、事実は事実として選手に伝えたうえで、選手の気持ちを読み取って、それを言葉に出して伝えること。もう1つは、指導者が使っている言葉をそのまま用いずに、少し変化させることです。これは、指導者の使っている言葉は、いまどきの選手には厳しすぎることが多いので、やわらかくしつつポイントをおさえて真意を伝えるということです。私は、これらの心がけが指導者の〝優しさ〟につながると考えています。

本書は、私が日頃スポーツの現場に立ち、実際に経験したことを中心に執筆しています。もし、この本を読んで〝選手の側に立ちすぎている〟とか〝寄り添いすぎではないか〟と感じる方がいるとしたら、まだまだいまの選手の特徴をつかみ切れていないと思いますし、もっと選手のことを深く知る必要があるとも思います。

また、本書は指導者の方にいまどきの選手の気持ちを少しでも理解してほしいと考えて執筆しています。どうか先入観やマイナスな印象をもたずに、頭を真っ白な状態にして読んでいただければと思います。

本書では、さまざまなテーマごとに、指導者の方がどう考えたらいいのかという指針と、具体的にどうしたらいいのかという対策を盛り込んでいます。また、〝選手の気持ち〟や〝選手からの目線〟という項目を設けていますので、読み進めていくなかで、選手の本音を理解することができます。

本書が、指導者の方の新たな気づきのきっかけとなり、指導の役に立つことを願っています。

平成29年3月吉日　八ッ橋賀子

CONTENTS

宣誓!
私たちコーチ一同は
試合中選手をほめまくる
ことを誓います
怒声や罵声は慎み
選手によけいな緊張を
与えることなく
試合を120%
楽しみながら
勝負に挑めるよう
全力でサポート…

第2章

選手との信頼関係を築くコミュニケーション法

Lesson 2 選手の努力に応えるため、指導者も自分に妥協しない姿勢をもちつづける……42
ポイント 選手の頑張りに応えていない行動は不信を招き、最終的にはチーム力を低下させる
即、実行! “指導日記”をつけて自分の考えがぶれないようにする

Lesson 3 選手の言葉を勝手に解釈せず、同じ意味でとらえているかを確認するようにする……46
ポイント あいまいなままで話を終わらせずに、ポイントとなる言葉のとらえ方を確認する
即、実行! “選手＋指導者”で目標を声出しし、心を1つにして練習する

Lesson 4 選手のことをより理解するため、“共感ポイント”を探る手間を惜しまない……50
ポイント 選手との共通項を見つけようとすることで、お互いの信頼関係を強くすることができる
即、実行! “共感クイズ”によってチームの共感ポイントを探す

Lesson 5 練習以外の行動からも選手の考え方や性格を読み取るようにする……54
ポイント 清掃活動など、通常の練習以外で見せる選手の行動からは、活きた情報を得ることができる
即、実行! 選手が語る内容から、より多くの情報を読み取る練習をする

Lesson 6 “黙ってやりすごす”ではなく、“言ってよかった”と思える雰囲気で発言を促す……58

ポイント 自信をもって自分の意見を言えるようにすることが、チーム力アップにつながる
即、実行! 沈黙が長くつづくときは何らかの方法で意思表示させる

Lesson 7 余裕がないときほど選手の話に耳を傾けることを忘れない……62
ポイント 選手が相談するタイミングを逃さないように、忙しいときほど〝ウェルカム〟の姿勢を示す
即、実行! 選手が話の重要度を判断してから指導者に相談する

Lesson 8 技術指導は、言いっぱなしでなく、選手が習得するまで我慢強くケアする……66
ポイント 選手と指導者の行き違いをなくすため、技術的な指導に関する〝約束ごと〟を決めておく
即、実行! 選手と指導者のイメージを共有するため、声かけを重視する

さっきからなんなんだ あのヘンテコな ジャンプショットは? ……
あれ
ほら前にコーチが「エアKで決めてみろ!」って叫んでたじゃないですか……

Lesson 9 適度な感情表現のため、選手に表情のコントロールということを意識させる……70
ポイント 感情表現が豊かでも乏しくても一長一短があるので、トレーニングである程度の操作を可能にする
即、実行！ 感情が出やすいタイプ・出にくいタイプ別にトレーニングする

◆COLUMN❷ 最近ありがちな〝ミスして笑う選手〟の本音……74

第3章 選手をその気にさせるモチベーションアップ法

Lesson 10 選手も指導者も〝現状打破〟するために必要なことを実行する……76
ポイント 当たり前のことをしていても現状維持しかできない。〝それ以上〟の積み重ねで現状打破が可能になる
即、実行！ 〝できない理由〟VS〝できる理由〟で不可能を可能にする

Lesson 11 選手と一緒に競技を楽しむことで、チームの雰囲気を盛り上げる……80
ポイント 指導者が練習に参加することが、選手のモチベーションアップ、チーム力向上につながる
即、実行！ 「1分間踊りまくりゲーム」で〝楽しむ〟ことを競い合う

Lesson 12 自分の伝えたいことばかりを前面に出しても、真意は伝わらない……84
ポイント 自分の言いたいことを確実に伝えるには〝選手目線〟〝理解できる言葉〟など、いくつかの条件がある
即、実行！ 四字熟語やことわざを利用して自分の言いたいことを伝える

Lesson 13 自分が経験した練習内容、苦しさをいまの選手に求めないほうがいい……88
ポイント 自分の経験したことが、いまの選手にどう役立てられるかを考えないと本当の力にはならない
即、実行！ 定期的に体力測定を行って選手の限界値を伸ばしていく

Lesson 14 〝連帯責任〟は、選手やチームにとって逆効果であることが多い……92
ポイント チームスポーツでよく用いられる〝連帯責任〟は、正しく使わないと思わぬ結果を招くことがある
即、実行！ 各自の短所を長所に変えるコツを話し合い、協調性を高める

Lesson 15 選手が考えている〝先〟ではなく、〝先の先〟まで読むことを意識する……96
ポイント 選手1人ひとりの考え方のクセを把握し、〝準備を含めた予測〟で対処する
即、実行！ 〝選手の反応〟＋〝行動パターン〟を5つ予想し、傾向を把握する

Lesson 16 「辞めたい」と言い出す前の選手の〝サイン〟に気づき、その真の意味を読み取る……100
ポイント 練習熱心な選手が休みがちになったら〝何かある〟と考えたほうがいい
即、実行！ 「辞めたい」と言い出す前に指導者ができること、気づけること

Lesson 17 悩みについて話しながら、指導者に探りを入れていることがあるので注意する……104
ポイント 選手の悩み相談には、真剣な場合と、探りを入れて情報を得ようとしている場合がある
即、実行！ 相談の真意を判断するポイントと絶対に口に出してはいけない禁句

Lesson 18 感情的になったら、あえて一呼吸おいて気持ちを元の状態に戻す……108
ポイント カッとしたときの発言を、そのまま相手に受け止められないように、間をとって冷静になる
即、実行！ 練習の様子をビデオに撮って自分の指導のしかたをチェックする

Lesson 19 声かけをはじめ、指導者が積極的に〝動く〟ことで選手を良い状態に導く……112
ポイント 指導者の精神状態は選手に伝染しやすいということを踏まえて、ポジティブになれる方策を練る
即、実行！ 指導者を含めたチーム全員でおもしろい話をして緊張をほぐす

Lesson 20 選手の弱音にはいくつかのパターンがあるので、見極めたうえで対処する……116

ポイント　弱音を吐くのは、指導者に励ましてほしい場合と、悩んでいてアドバイスがほしい場合がある
即、実行！　思い込みを取り除いて、弱音の原因を一緒に解消していく

◆COLUMN 3　選手には、〝自分のために競技を楽しむ〟と認識させる……120

第4章　選手の実力を高め、自立を促す指導法

Lesson 21　あきらめグセを直すために、まずは壁を乗り越える経験をさせる……122
ポイント　〝真正面から壁に向き合った〟という経験が自信につながり、良い結果に結びつく
即、実行！　毎日苦手なことに向き合って〝壁の突破〟を体験させる

Lesson 22　〝選手カルテ〟によって1人ひとりの情報を把握し、指導に有効活用する……126
ポイント　選手の可能性や隠された一面を見逃さないためにも、できる限りの情報収集をする
即、実行！　選手と指導者が交換した質問表を選手カルテとしてファイリングする

Lesson 23 選手が〝嫌だ〟と思うことには早目に着手させ、必ず途中でチェックする……130
ポイント 〝やりたくない〟気持ちを引きずっていると、チームにも悪影響を及ぼすことになる
即、実行！ イメージ力を活用して、良いパターンと悪いパターンを比較する

Lesson 24 〝強制力〟＋〝選手の意思尊重〟で良い関係を築き、チーム力をアップする……134
ポイント 強制力を発揮するだけでなく、状況によっては選手の意見を取り入れて、モチベーションを保つ
即、実行！ 先入観や悪い印象を取り除くため良いイメージを取り入れる

Lesson 25 ギクシャクするときは、指導者と選手全員でチームの方向性を確認する……138
ポイント 選手と指導者が話し合い、チームの方向性を確認することで、両者の間のミゾを解消する
即、実行！ 選手に〝自分が監督だったらチームをどうするか〟考えさせる

Lesson 26 指導者が率先して〝本当の気づかい〟ができるチームを育成する……142
ポイント 相手の気持ちを考え、きちんとした気づかいができるようにすることは、選手の自立を促す
即、実行！ 相手の気持ちを想像してチェックリストを充実させる

Lesson 27 リーダーがチーム内での役割と個人としての役目を両立できるように配慮する……146
ポイント リーダー的役割を担う選手は、責任感の強さから個人としての役目が果たせなくなることがある

即、実行！ 役割による重圧から開放して、1人の選手としてプレーさせる

Lesson 28 マンネリ防止のため、新鮮さや好奇心を喚起する環境づくりをする……150
ポイント マンネリを重症化させないため、選手の心に〝練習したい〟という欲求を起こさせるようにする
即、実行！ 競技で使う道具を変えてプレーそのものを見直す

Lesson 29 全員で練習することの〝意味と重要性〟を改めて考え直してみる……154
ポイント 個別練習ではなく、全体練習でしか培えないことを中心に据えて練習メニューを考える
即、実行！ お互いの良い点を伝え合って、1人ひとりの重要性を確認する

Lesson 30 試合中のミスの指摘は〝その場〟で、選手のやる気が下がらないように行う……158
ポイント 試合中に選手が犯すミスについては、〝指摘するタイミングと注意のしかた〟がカギを握る
即、実行！ 指導者が複数いる場合は、役割分担してバランスをとる

Lesson 31 試合中に選手の長所や頑張る姿勢をほめて、ゲームを楽しめるようにする……162
ポイント 試合のときの〝ほめ言葉〟は、選手の実力を発揮させる特別な力を秘めている
即、実行！ 〝ほめ担当〟を決めて、練習中チームの雰囲気を盛り上げる

よし、かぶるぞ！
監督！今こそ例のひょっとこ作戦実行しましょう

第1章

選手に寄り添う
コーチングの心得

心得

【1】

選手の気持ちに寄り添うことで、チームづくりの第一歩が踏み出せる

私は、職業がら指導者と話をすると、その人が選手に対して愛情深い人なのかどうかということがだいたいわかります。

どんなことから判断するかというと、その指導者が、

◎選手の話に耳を傾けられているか

◎選手が話しているときに、それをさえぎるようにして自分の意見を述べていないか

◎選手の話を、一言一句最後まで聞き漏らさないようにしているか

◎選手の悪口や欠点のことばかり言っていないか

などが大きな要素となります。

さらに、指導者の選手に対する愛情の深さを察することができる要素として、

◎選手がやろうとすることに対して、積極的に理解や前向きな意見を示すことができるか

◎選手がなぜそこに至ったのか、過程や原因を聞いたり、疑問をもつことができるか

◎結果だけでなく過程を重視することができるか

などがあげられます。

ごく当たり前のことですが、指導者が選手に対してどのように接しているのかを聞けば、その人の指導者像・人物像がわかるのです。それだけでなく、その指導者のチームがどのような雰囲気なのか、強いのか弱いのかも見当をつけることができます。

私の経験からいえることですが、愛情深く、選手に寄り添うことができる指導者のチームは決して〝弱い〟ということはありません。

もちろんいろいろなパターンがありますが、総じてチームの雰囲気は良く、選手のモチベーションが高いと感じられます。

この点が非常に重要で、信頼関係で結ばれ、やる気にあふれているチームは、それだけである一定のレベルをクリアできる要素を兼ね備えているといえるのです。指導者しだいで選手もチームも大きく変わってくるということです。

即 さあ、すぐに実行！

選手に愛情を注ぎ、寄り添うためには、選手のことを知る必要があります。そこで、〝疑問点〟をテーマに情報収集をします。

1日1、2人にターゲットを絞って、練習中に選手の動きのクセなどを見つけ、それについて疑問を投げかけてみましょう。

たとえば野球部であれば、「ゴロを捕るときに、軽くグラブをたたくクセがあるけれど、あれはなぜ？」という感じですが、選手に興味をもつことが目的なので、疑問点を肯定も否定もする必要はありません。

クセを探す対象は、プレーばかりとは限りません。ふだん接しているときに見つけたクセでも構いません。たとえば「君は、困ったり考えたりするときに必ず口の辺りを触るけれど、自分で気づいていた？」と聞いてみます。

クセは本人が無意識のうちに出てしまうものなので、何か（ストレスなど）のサインである場合も考えられます。

選手からの目線

自分たちの考えを聞く姿勢をつねにもっていて、途中で口を出すこともなく最後まできちんと話を聞いてくれる。そして、自分たちのことを理解しようとしてくれる。

選手に寄り添ってくれる監督は、いつでも“自分たちのことを大切に思っている”と感じさせてくれる。

これはクラブ活動に限らず、担任の先生でも、親でも、友達でも同じことだと思う。

心得

【2】選手を受け入れるため気持ちの整理・準備をしてから練習に臨む

選手に慕われる指導者の条件はいくつかありますが、その1つに〝感情に左右されることがなく、いつでも落ち着いていて、安心できる〟があります。どんな状況にあっても精神的に余裕があって、イライラするようなことが起きても選手に当たったりすることがない指導者を選手は望んでいます。

私の周りにもそのような指導者は何人かいますが、共通しているのは、つねに時間に余裕をもって行動しているということです。

誰よりも早く現場に来て、準備にかける時間をつくり出していますし、やらなければいけないことは選手が来る前に確実に済ませています。つまり、もし何かが起きたとしても対処できるように、時間的な工夫をしているのです。

このように時間に余裕をもたせることは、単に時間の問題だけでなく、精神的なゆとりを得ることにつながります。その精神的なゆとりを選手は〝安心感〟として受け止めているのです。

これとは反対に、選手や他のコーチがそろっているところへ、最後の最後に時間ギリギリでやって来る指導者もいます。

このような場合、決めなくてはいけないこと、やらなければいけないことには、指導者が現場に立った瞬間から対処することになるので、余裕などあるはずもなく、それらを解決するのに手いっぱいというのがよくあるパターンです。

指導者は、ふだんから仕事に追われた状況にあることが多いでしょうし、思いどおりに物事が進まず、理性よりも感情が先行してしまうこともあるでしょう。そんなとき、気持ちの整理をせずに練習に臨むことだけは避ける必要があります。なぜなら、指導者の余裕のなさはそのまま選手に伝わってしまうからです。

気持ちを整理し、次の行動への準備をする方法は次項で紹介していますが、そのポイントは前にも述べたように〝時間的な余裕〟をつくり出すことです。これが〝精神的なゆとり〟につながるということをつねに意識するようにしてください。

即 さあ、すぐに実行！

どこでも実行できる、気持ちの整理と次への準備をするための方法です。練習に向かう前、選手に会う前などに行ってください。

できればイスに腰かけた状態で、1、2分、多くて3分ほど目を閉じます。視界をさえぎることによって自分の気持ちを落ち着かせ、その状態でこれから行う練習メニューの流れやポイントなどを頭で1つひとつ確認していきます。3分で準備が難しい場合は、時間を5分と決めて行いましょう。

この方法は、選手にも実践させることができます。その場合も立った状態ではなく（不安定になるので避けます）、体育座りなどをさせます。目を閉じ、集中できる状況をつくり、気持ちと身体に対して〝これから練習を始めるぞ〟という準備をさせます。

目をつぶることに抵抗がある場合は、ホットアイマスクやタオルなどで目を閉じさせてもいいでしょう。

選手からの目線

みんなが憧れているA監督は、気分の浮き沈みがないから何でも話せるし、いつも中立の立場で特定の選手をひいきすることもない。単純に“自分もあんな大人になりたいなあ”と思わせる指導者。

反対に、誰もが引き気味のBコーチは喜怒哀楽が激しくて、近くにいると何となく被害を受けそうなので、“できることなら話をしたくない”とみんなが思っている。

心得

[3]

指導者は、〝選手と同じ時間を共有している〟という認識をもつ

指導者が熱心なのは良いことですが、それが高じて時間の感覚がなくなってしまっては玉に瑕《きず》です。

あるクラブでいつものように練習をしていたところ、1人の選手が悩んでいることに指導者が気づきました。「どうした？ 何か引っかかることがあるのか？」と聞くと、「はい、身体の使い方がどこかおかしいように感じます」という答えです。

すると、指導者は2、3の質問をしたあと選手と話をして、実技指導を始めました。このとき、練習終了時間まであと10分。指導者もそのことはわかっていましたが、選手のことが気になるため、身体の使い方についてて手本を示し、その後選手の動きをチェックし始めたのです。そこで、練習終了の時間が来ました。

ふだんは、練習時間終了時には全員で集合し、指導者が一言話をして終わりになるのですが、そのときは選手に付きっきりのため、他の選手たちは集合して指導者が来るのを待っていました。

15分、20分……と時間は過ぎていきますが、指導者は熱中しているため時間のことは完全に忘れています。選手たちはその熱心さに気圧《けお》されて誰も声をかけることができず、ただ待つしかありません。そうして待つこと30分。ようやく指導者が全員の前に戻ってきて練習終了となりました。

人は、気持ちが入りすぎたり、集中しすぎてしまうと、ついつい時間を忘れてしまうものです。この場合も、選手が困っているから助けたいという思いから指導しており、そのことは指導されている選手にも周りの選手にも伝わっています。

しかし、〝選手も指導者も時間を共有している〟という大前提に立てば、選手たちをただ待たせておくの

ではなく、やはりしかるべき配慮が必要です。

即 さあ、すぐに実行！

予定時間を過ぎて練習する場合や、約束の時間を守れないときは、前もって選手たちに〝どのくらい予定よりズレそうか〟という時間の目安を伝えるようにします。キャプテンに、「時間になったら話し中でも声をかけるように」と伝えておいてもいいでしょう。

指導者と選手は同じ時間を共有し、一緒に消費していますが、立場上は指導者が選手の時間を拘束していることになります。それだけに、時間の浪費はできるだけ避けたいものです。

先ほど例にあげた指導者の時間超過が浪費だとはいいませんが、指導者が気づいたところで「あと3分だけ」とか「時間は過ぎているけれど、ここは重要だから抑えておいてほしい。だから、もう2分だけ」など、具体的な時間の目安を伝えてあげることが重要です。

なぜなら、指導者がよかれと思ってやっていることでも、指導の受け手にとっては、自分のせいで時間オーバーをしていると考えて集中できなかったり、待っている選手が、予約を入れている治療院や病院に間に合わないということも考えられるからです。

ちょっとしたことかもしれませんが、具体的な時間の目安を伝えてあげるだけで、選手の気持ちに余裕ができるということを覚えておいてください。

選手からの目線

監督が熱心なことも、選手を最優先で考えてくれていることも知っているけれど、やっぱり“時間を忘れてしまう”のはちょっと困る。

正直言って、一定の時間を超えると集中力は途切れるし、その後の予定が狂ってしまうことに対する焦りもある。

監督に「時間です」と言いに行って怒られたりしたら嫌だし、言うべきか待つべきか、判断が難しい。

心得

【4】

主役はあくまでも選手、"自主性"を引き出して指導者は脇役に回る

いうまでもなく、指導者はクラブ（チーム）の責任者ですが、その意味を勘違いして、すべてのことを自分の思いどおりに仕切ろうとする人がいます。

もちろん、チームの状況によってはそういうことが必要な場合もあるかもしれませんが、選手が自主的に考えたり目標をもったときには、それを尊重することが重要です。選手自らが率先して取り組む意識・意欲をもつことは、それ自体がクラブ活動の1つの目的であるともいえます。

たとえば、練習メニューについて考えてみましょう。多くのチームでは、指導者が練習メニューを決めて、選手はそれに従うというやり方だと思いますが、それだとマンネリ化する恐れがありますし（【レッスン28】参照）、ときには質の低下を招くことがあるかもしれません。

そこで、もし選手が自らの目標に則って、「自分（たち）はこのメニューで練習したい」と言ってきたとしたら、頭から否定せず、ぜひ取り入れる方向で考えてみてください。もしかしたら、選手が取り組みたいことと指導者が必要と考えている練習が異なるかもしれませんが、それは実際にやってみてから修正していけばいいことです。

私の知り合いのクラブでは、少し前から選手主導の練習メニューで活動していますが、その指導者は、「自ら取り組んでくれるのはとてもいいことだけれど、自分たちがやりたい練習に偏《かたよ》りがちなのと、視野が狭くなることが心配。いろいろな考えをもって、広い見地から取り組んでほしい」と話していました。

実践者の貴重な意見として、心に留めておいてください。

即 さあ、すぐに実行！

指導者が練習メニューのすべてを決めているとしたら、月に1度でもいいので、選手に練習メニューの一部の選択権を与えるようにします。

たとえば、いつも行っている練習の大きな流れが、

◎ウォーミングアップ
◎メインメニュー
◎クールダウン

だとしたら、この内のメインメニューの項目の回数、時間配分、順番などについて複数の選択肢を用意して、そのなかから選手に選ばせるようにします。

こうすると、メニューそのものは指導者が考えたものですが、選手には〝自分たちが主導した練習メニューだ〟という意識が芽生え、だらけることがなくなりますし、選ぶ内容によって選手の好き嫌いも把握することができます。

【例：バレーボール部の場合】

いつものメニューが、①「ウォーミングアップ」10分→②「パス」50回→③「サーブ」20本→④「スパイク」30本→⑤「ゲーム」5セット→⑥「個人練習」15分→⑦「クールダウン」10分→⑧「ミーティング」だとしたら、①、⑦、⑧はそのままにして、②から⑥までのメインメニューについて、回数、時間配分、順番などを変えた選択肢を用意し、選手に選ばせます。

選手からの目線

練習メニューを選べるのは単純にうれしい。これまでは監督が決めたメニューを渡されて、ただこなすだけという感じだったけれど、自分たちの意志が反映されるとしたら、それなりの責任があるし、取り組む姿勢が変わってくるように思う（変わらなければいけない）。

正直言って、少しマンネリ気味だったから、思いっきりメリハリをつけたメニューを考えてみたい。

心得

[5]

選手が自己アピールしやすい環境をつくってやる気を喚気する

いまでもよく目にする練習に、野球のポジション別のノックや、バレーボールのスパイク（マンツーマン指導）があります。一見すると、昔もいまも変わりないように見えますが、じつは大きな違いがあります。

それは、以前は指導者が「はい、次（の人）！」と言っても、選手はすぐには交替せず、「もういっちょ（1本）！」とか「もう1本お願いします！」と言って、さらにノックやスパイクを受けていたということです。

これに対して最近の現場では、多くの競技において選手の「もう1本！」という声が聞こえなくなりました。実際に周りの指導者からも「いまの子たちは、本当にそういうことを言わなくなった」という言葉を聞きます。これには、いまどきの選手の傾向が顕著に現われています。

それは、最近の選手は、指導者の言葉を素直に受け止めることができるという良い点がある反面、その言葉の真の意味を考えられないということです（【レッスン18】参照）。そして、自分という存在の主張（自己アピール）をあまりしないということです。

指導者が「はい、次！」と言ったからといって、〝さっさと交替しろ〟と思っているわけではありません。むしろ、選手が「もう1本」と言ってノックやスパイクを受けることで、〝少しでもうまくなりたい〟〝もっと自分のプレーを見てほしい〟という自己主張をしてほしいと望んでいるのです。

いま指導者世代の20代から50代の多くの人は、現役のとき指導者の言葉に対して、それが本音と建て前のどちらであるのかを読み取ったり、言葉の先にある行動を予測する訓練を積んできていると思います。

これに対して、いまの選手はとても素直で、言葉の裏に隠された指導者の思いを読み取る訓練をしていないため、その真意を汲み取ることができません。その結果、言われたことを言われたままに受け取るしかないのです。

即 さあ、すぐに実行！

選手が自発的に自己主張するのを待っていても、実現するのは難しそうなので、ノックやレシーブの練習が終わったら選手を集合させて、次のように伝えます。

「次！　と言われたから〝じゃあ終わり〟ではないんだ。『もう1本お願いします！』と言えばこちらはいくらでも付き合うんだから、積極性を前面に出してアピールしなさい」。

「うまくなるために練習しているのだから、自分でチャンスをつかみにいく！　という姿勢でいなさい」。

このように言ったからといって、実行する選手ばかりとは限りませんが、これは選手個々の積極性や考え方を知る1つの機会だと考えましょう。

また、これまで言ったことがない選手にとって「もう1本！」と大声で言うのは容易ではないので、言おうとしている素振りが感じられたら、その選手にはそれなりの対応をしましょう。

チームごとに状況は違うので、先ほどの言葉は監督が選手に直接伝えてもいいですし、コーチが間に入って監督の意志を選手に伝えてもいいでしょう。

選手からの目線

「もう１本！」って、ちょっと言いづらいし、大声を出すのは恥ずかしいけれど、監督が言えというならそうしよう。

これまで誰もそんなことを言う人がいなかったので遠慮していたけれど、本音をいえばミスしたままで交替するのは後味が悪いと思っていたからちょうどいい。

「もう１本！」って言いまくって、監督にアピールすることにしよう。

心得

[6]

〝優しさ〟と〝甘やかし〟はまったく違うものであると認識する

ある高校のサッカー部に、A君が入部してきました。彼は即戦力になるバランス力と得点力をもっていましたが、どことなく他の選手たちと雰囲気が違い、指導者はそこが気になっていました。

指導者はA君に対して「君の個性がなくなってしまうから、すべてを他の選手に合わせせろとは言わない。いままでやってきたことを活かすようにしなさい。ただし、ダメなものはダメと伝えるから」と言いました。

それから半年、A君がどうなったかというと……、指導者の危惧したとおり、やりたい放題になっていました。キャプテンや他の選手が注意をするとその場では直すものの、きちんと学習するわけではなく、悩みの種となっていました。

そうなった原因は2つあります。

1つは、指導者の「個性を活かせ」という優しさから出た言葉を、A君が「やりたいようにやりなさい」と解釈した点です（意図的にそうしたのかもしれません）。A君はもともと実力があっただけに、〝自分は中心選手なんだから何をしてもいいだろう〟という態度になっていきました。

もう1つは、指導者が「ダメなものはダメと伝えるから」と宣言していたにもかかわらず、A君が傲慢《ごうまん》になる初期の段階で、「個性を活かせ」という自分の言葉の意味を説明して、その態度を改めさせなかった点です。

本当に優れた選手であれば、同じ言葉を言われてもA君のようにはなりませんが、A君はそこまでのレベルではないのだから厳しく注意をしなければなりません。それをしないのは、単なる〝甘やかし〟です。

指導者は、〝優しい〟ということの意味をきちんと認識する必要があります。たとえ言いにくい内容であっても、相手のことを考えて苦言を呈するのであればそれは優しいということですし、相手が良い気持ちになれるとしても、それがわがままを許すことになるのであれば、甘やかしているにすぎません。

もう一度、この点について考えてみてください。

即 さあ、すぐに実行！

指導者は日々の指導のなかで、誰を叱り、誰をほめたか、メモを取るようにします。叱ったりほめたりしたときの選手の様子を見ることで、その選手の特徴もわかるので、ほめることによって増長するようであれば、そのことをきちんと指導します。

そして、1か月ほど経ったところでメモを見返してみて、〝特定の選手ばかりを叱ったりほめたりしていないか〟〝公平で冷静な判断ができているかどうか〟をチェックします。選手名簿などを使って行うといいでしょう。

個人に対して行うだけでなく、ポジションに対しても行うと、「フォワードばかりが責められる」「ディフェンスだけがほめられる」といった偏りがなくなり、選手のモチベーションアップに結びつきます。

なお、この作業は、選手に見られてもわからないように記号を使用ことをおすすめします（たとえば、叱ったら▲、ほめたら△など）。

選手からの目線

指導者に相談に行ったとき、「いいよ」と言ってもらうとうれしいけれど、いつもそうだと、“この人はNOと言えない人なんだ”と、だんだん相手をなめるようになる。

横柄な態度をとったり、わがままばかり言ってチームの雰囲気を壊す選手がいる場合には、たとえその選手が実力者であってもきちんと注意してくれないと、表面上はともかく、心のなかでは“この人はだめだ”と誰も信用しなくなる。

心得

[7]

選手に厳しくすると同時に自分自身にも厳しくしなければならない

厳しさで有名な女性指導者がいました。

「集合！」の号令をかけてすぐに選手が集まらないと、「中途半端な気持ちだったら、この場所に来ないでちょうだい」と声を荒げます。

この程度であれば多くの指導者が口にするレベルですが、それに加えて、「卒業して競技をつづけたとき、どこの学校の何という指導者から教わったのか？　と聞かれても、私の名前を出さないでよ。こんなだらだらした選手を育てたのが私だと思われたらとても恥ずかしいわ！」と言い放つのです。

Aさんははじめのうち、これは厳しさを前面に打ち出すためにあえて言っているのだととらえていましたが、ことあるごとにこの発言があるので考え込んでしまいました。

ここからわかるのは、この指導者は選手のことを言っているようでいて、じつは自分の保身しか頭にないということです。それに気づいた選手たちのモチベーションは下がり、〝自分のことだけが大切で、選手のことは二の次なんだ〟という思いを日に日に強くしていきました。

Aさんは、自分は競技が好きだけれど、この指導者からは学びたくないと考えるようになり、結局そのクラブを辞めて外部のクラブで個人的につづけることにしました。

このような指導者は、技術の向上はさせられても、豊かな人間性を育てることはできません。

実際この指導者は、「下手な選手は勝手にしなさい。ただし、私が恥をかくようなことはしないで」と公言し、上手な選手ばかりを甘やかしているのです。この点だけを見ても、指導者として適格かどうかは大いに疑問です。

指導者は選手に大きな影響を与えるということを再認識して、〝選手最優先〟を貫くためにも、まずは自分に厳しくあってほしいと思います。

即 さあ、すぐに実行！

選手に厳しくする分、自分自身にも厳しくします。そのため、自分が苦手とすること、やりたくないことに毎日向き合うようにします。できればクラブ活動に関連した何かを毎日継続させるといいでしょう。

たとえば、毎日ウォーキングをする、ランニングをするなど、種目を決めて行います。

40代から50代の指導者の方はとくに自身の経験値が高く、指導者の年代層としても一番多いでしょう。選手の管理にも長《た》けていると思いますが、自身の身体の管理はいかがでしょうか。もちろん、きちんとできている方もいますが、怪しい方も多いようですから、この際、自身の体力強化に意識を向けてみましょう。

気の緩みは身体の緩みであり、逆もまた然《しか》りです。あらかじめ言い訳できない状況を設定して取り組んでください。要は気持ち、覚悟の問題です。

できるようになるまで時間がかかるかもしれませんが、それは選手も同じであり、自分自身がテーマに向き合っていることによって、選手に対する指導にも変化が生まれると思います。

選手からの目線

監督から「試合に出るメンバーは明日発表する」と言われたので、翌日みんなでドキドキしながら待っていたが、結局発表されなかった。

監督は日頃「言われたことは守りなさい」と言っていて、選手が約束を守らないと「その理由を言いなさい」と叱るのに、このとき理由を言わなかった。

忘れた？　忙しい？　その程度のことなの？　選手は絶対ダメなのに、自分（監督）はいいんだと思った。

心得

［ 8 ］

自分のなかにある〝経験値のデータ〟は、つねに更新しなければならない

指導者には、選手の意見や考え方、プレーなどについて、自分の過去の経験に照らし合わせて、似たようなパターンに当てはめようとするところがあります。いわば、自分の経験値から導き出された方法論です。

たとえば、ある選手がAというプレーが苦手だった場合、〝自分が現役の頃はaという方法で対処したし、前の学校で指導したときにはbという方法で教えた、だから今回もaかbでいけば大丈夫だろう〟という思考回路をたどります。

指導者の頭のなかには、これまでの経験をまとめたマニュアルのようなものがあって、それをもとに指導しているわけですが、もし、そのマニュアルが更新されないままだとしたらどうなるでしょうか。

当然のことながら、情報量が増えることはなく、それにともなって考え方や行動の選択肢も減っていくことになります。そして、頭のなかの選択肢が少なければ少ないほど考え方は固定化し、偏っていきます。

導き出された結論が正しければ問題ありませんが、固定化したマニュアルのもとでは、一歩間違えると〝指導者の決めつけ〟になってしまう可能性があります。

指導者の〝思い込み〟が常態化して、自分の考えに固執するようになったら危険です。そうなると、選手にとっては〝強制力〟として伝わるからです。だからこそ、指導者は自分の考え方・やり方に固執せず、つねに新しい情報を仕入れて〝経験値のデータ〟を更新し、選択肢を増やしていかなければなりません。先の例でいえば、a、bだけでなくc、dもほしいのです。

そのためにも、選手をはじめ人の話を最後まで聞くことはとても重要です。先入観をもたずに人の話を聞いて、その情報を歪曲させることなくデータに追加し、

随時更新していくのです。こういった指導者の〝頭の柔軟性〟はとても大切です。

即 さあ、すぐに実行！

選手が指導者の意見に反対したとしても、自分の経験値に照らし合わせて否定したり、決めつけたりするのではなく、〝可能性〟を残して話をするようにします。

二者択一しかない場合でも、「それはムリだ」というのではなく、「可能性はゼロではない。でも現状では厳しい」という言い方をします。そして、選手に「本当にそれをしたいのか」を確認し、「やりたい」ということであれば、可能性を追求する方法を模索します。

イメージとしては、受験生の三者面談を思い起こしてください。A君はe大学に進学したいけれど、いまの成績では合格率20%とかなり厳しい状況。ふつうであればデータを基準にして「志望校のランクを下げたほうがいい」という指導をするのでしょうが、本人の意思が固いのであれば、「可能性は低いがゼロではない。期間を定めて、○月までに合格率を上げてみよう」という方向に導いていくのです。

日本ハムファイターズの大谷選手は、過去のデータからいえば明らかに二刀流はムリだといわれても、理解ある指導者のもとで自分の意志を貫き、実績をあげています。指導者は、〝前例がない＝不可能〟ではないということを認識しなくてはなりません。

選手からの目線

自分の考えと違っている場合でも、指導者に「そういうことでいいな！」と言われると「はい」としか答えようがない。

以前、「いいえ」と言ったら、急に機嫌が悪くなって、いろいろと批判されたので、二度と話す気にはなれない。

いつも決めつけたような言い方をするんじゃなくて、たまには、一言「どうだ？」と聞いてくれれば、もう少し実のある話し合いができると思うんだけど、ムリかな……。

心得

[9] 指導者は、選手と同じように〝自分の弱み〟と向き合わなくてはならない

みなさんは、〝自分の弱み〟と向き合っていますか？　何かを得るため、あるいは何かを克服するために、自分自身を変えようとしていますか？　多くの指導者の方が、選手やクラブのことで頭がいっぱいで、自分のことはおざなりになっているのではないでしょうか。

これは私の経験からいえることですが、指導者は大きく2つのタイプに分けられます。

1つは、〝自分は指導者としてどうありたいか〟を追求するタイプ。もう1つは、指導者であるとともに、〝1人の人間としてどうしていきたいか〟をつねに考えているタイプです。

どちらが良いとか悪いとかいうことではありませんが、多くの選手たちが〝指導者として選手には厳しいけれど、自分には甘い人よりも、指導者としても人間としても自分に厳しい人のほうが信頼できる〟と感じていることはたしかです。

つまり、自分自身のことについて、より高い意識をもっている指導者のほうが、選手の信頼を得て、その力をより伸ばせる可能性があるということです。

自分に対する意識ということで考えておきたいのが、〝強み、弱み〟についてです。

みなさんは、自分の強みや弱みについてすぐに答えることができるでしょうか。指導者の場合、選手の弱み（弱点）については厳しく指導することになるので慣れていると思いますが、自分の弱みとなると、立場的なこともあって把握している人は少ないのではないでしょうか。

しかし、選手が自分の弱みやできないことを克服するために懸命に努力しているわけですから、やはり指

導者も同じように自分に向き合わなくてはいけないと感じます。

そういう姿について、選手は敏感に感じ取るものなので、必ずや選手と指導者の信頼関係を強くすることにつながるでしょう。

即 さあ、すぐに実行!

172・173頁に「自分の弱みチェックシート」を用意しました。20項目について「はい・いいえ」で答えて、自分の弱みについて把握してください。

チェックシートを活用するにあたっては、指導者という立場ではなく、1個人としてどうであるかという視点に立って、素直に質問に答えてください。

もし、該当する項目がなく、弱みがゼロという人がいたとしたら、つねに自分を客観視して厳しく管理し、自分を高めていける人であり、向上心と柔軟性を兼ね備えた人ということがいえます。

一方、もし多くの項目が当てはまった場合でも、〝弱みを強みに変えたい。変わるんだ!〟という強い意志をもち、それにともなう行動を積み重ねていければ、弱みを強みにしていくことが可能です。

シートをチェックし、現状を把握するだけで終わるのではなく、その後どうしていくかが大切です。どうか、選手と共に自分自身に磨きをかけていく意識を強くもつようにしてください。

選手からの目線

うちの監督は、ふだんから自分に厳しくしているから、我々選手に対しても強いことが言えるんだと思う。だから、練習で厳しいことを言われても納得できる。

だけど、Fコーチみたいに自分には甘いのに人に厳しいのは嫌だ。だったら、自分に甘く、人にも甘くしろと言いたい。

なんて偉そうなことをいっても、自分は人に厳しく言うのは苦手。だって、やっぱりみんなに嫌われたくないから……。

心得

[10]

指導者のモチベーションをキープするために何かを継続的に行う

「練習のとき高いモチベーションをもって指導していますか？」と聞かれたとき、「はい」とはっきり言い切れる指導者はどのくらいいるでしょうか。多くの方が、選手のために日々努力されていることはたしかですが、同時に、多くの指導者が心身共に疲れていることもまた事実です。

そんななか、私の知り合いのある50代の指導者は、選手と同じウォーミングアップのメニューをすべてこなしています。20分のメニューですが、ラジオ体操のようなものとは違い、それを終える頃には汗が噴き出すほどのハードさです。

なぜそんなに一生懸命やるのかたずねたところ、その指導者は、「自分が練習内容を探求しつづけ、それを選手にアウトプットすることが大切だと思っている。ただやらせるのではなく、どこにどうアプローチするのが効果的なのか、選手にどう伝えたら理解しやすいのかなど、つねに考えている」と答えました。

そして、「毎日自分の決めた日課をきちんとこなすことで、自身のモチベーションをキープすることができる」と付け加えました。

選手がそうであるように、指導者もモチベーションが上がらないときがあるはずです。理由がはっきりしていれば解決法も見つかると思いますが、そうでない場合は行き詰まってしまいます。

いわゆる〝やる気がでない〟状態が長引きそうなときは、ムリやりにでもモチベーションを上げられる環境にもっていかなくてはなりません。なぜなら、モチベーションのあるなしは選手にダイレクトに伝わってしまうからです。そうならないためにも、自分で半強制的にきっかけをつくる必要があるのです。

即 さあ、すぐに実行！

174・175頁にある「自分独自のチェックシート」を使って、自身の1日を見直すことでモチベーションアップにつなげてください。

モチベーションが低いときは、効率的な時間の使い方をしていなかったり、時間を意識していないことが多いので、1日ごとにやるべきこと、やったこと、やれなかったことを見返すのは効果的です。

チェックシートの0〜10までの項目について毎日達成度を確認し、チェックを入れていきます。1シートが1週間単位になっているので、4枚コピーを取れば1か月分となります。

0〜10までの項目は、自分に合ったチェック項目(自分を律し、モチベーションを上げるために必要な項目)や指導者が必要と考える項目に変更しても構いません。

このシートは、本来記述する部分を多くしたかったのですが、○×△などの記号で簡単に自分の1日の行動をチェックし、継続することが大切と考えてこのような形にしました。

ただ記入するだけのものとしてこのシートを使うのでは意味がないので、記入する際には項目ごとに1日の流れを振り返るようにしてください。何ができ、何ができなかったのか、どうしてできなかったのかなどを記述するための項目を設けてもいいでしょう。

選手からの目線

うちのチームの監督は結構いい歳だけれど、ウォーミングアップのメニューなどは選手と一緒にこなしている。ときには冗談で「どうしてこんな程度で息があがるんだ、楽勝だろう」とか言うので、笑顔で答えているけれど、内心はかなり悔しい(ほとんどライバル関係みたい)。

監督はいつも選手と一緒に動こうとして“やる気まんまん”なので、グチをこぼしたり弱音を吐いたりすることはできない。

〈 COLUMN 〉❶

つねに前向きな意志をもって自分に刺激を与えつづける

指導者は“教える側である”という意識が強いためか、選手の話をあまり聞かずに、教えることだけに専念するというタイプが多いようです。つまり、インプット（選手の考えを受け入れる）はあまりしないで、ほとんどアウトプット（指導者の考えを発信する）のみになります。

ここで注意しなければいけないのは、指導者が“自分の指導内容は完璧である”と錯覚してしまうことです。なぜなら、もしそれが間違った知識や思い込みから生まれたものだとしたら、選手に誤った指導をしていることになるからです。

これを避けるためには、指導者が当たり前に思っていることについて事あるごとに確認したり、その質を高める必要がありますし、何よりもつねに自分を客観視して、学びつづける必要があります。

その方法としては、①美術館で絵画を見るなど時間を忘れて何かに没頭する、②たとえ遊びからでも何かを得る、③専門外のプロなどから情報を吸収するなど、“刺激を受ける”ことがキーワードになります。1回で終わらせるのではなく継続して時間をつくり、刺激を受けるようにしましょう。

大切なのは、“前向きにとらえる”ということです。自分自身が刺激や変化を前向きにとらえていなければ、変わることはできません。どんな刺激を受けるかが重要なのではなく、指導者がいままでの自分を振り返るために、時間や場所を工夫して刺激をつくり出すことが重要なのです。それまで自分とは縁のなかったことでも、“取りあえず試しにやってみる”ことでいままでにない刺激を受けることができるのです。

みなさん（私も含めて）は、まだまだ自分が知らないことがたくさんあるはずです。“自分はすべてわかっている”という考え方ではなく、謙虚で前向きな意志をもって自身に刺激を与えつづけてほしいと思います。

第2章

選手との信頼関係を築く
コミュニケーション法

[Lesson]
1

“指導者目線”でなく逆の立場に立つことで選手の気持ちを理解する

ポイント

選手目線で物事を見て、あえて“素のままの自分”を表に出すことで、相互の関係に変化が生じる

選手が理想とする指導者になるために必要なことは何か?

何人かの選手たちに「理想的な指導者ってどんな人?」と聞いてみました。すると、①ほめてくれる、②認めてくれる、③話を聞いてくれる、④一緒に悩んでくれる、⑤選手と共に笑い、泣き、素直に気持ちをぶつけてくれる、⑥選手のために自分が犠牲になってくれる、⑦どんな質問にも答えてくれる、という条件があげられました。

つづけて私が「これまでにいま言ったような指導者に出会ったことがある?」と聞くと、「出会ったことはない」という選手が多かったものの、「はい、あります」という選手も何人かいました。

私はここで〝選手たちが望む条件をすべて備えた指導者を目指しましょう〟と言いたいわけではありません。それはあまりにも無謀な要求です。ただ1つだけ〝つねに選手の目線で物事を見て、考えることを心がける〟ということを強調したいと思います。というのは、先にあげた7つの条件は、これを意識することで実現可能だと考えるからです。

指導者は、えてして〝自分は指導者だからこんなことは言えない〟と考えがちです。指導者という肩書きや立場を気にして、本音を言うことにブレーキをかけてしまうのです。すると、選手はそれをもどかしく感じて、伝わるはずのものも伝わりにくくなります。

1人の人間として選手に接することが必要な場合もある

言えないことや言ってはいけないことは当然ありますが、ときには〝素のままの自分〟を表に出して指導することが必要な場合もあります。それは〝選手の目線で見る〟ということが前提になります。

以前は、指導者と選手の関係は完全な上下関係といえるものでした。一般社会の上司と部下の関係も同じです。しかし現在は、この関係が変化しつつあります。指導者が選手をニックネームで呼んだり、親子の関係が友達どうしのようになっています。これが良いか悪いかは意見の分かれるところですが、選手と同じ目線、同じ立場に立てる指導者のチームでは、選手自身が自発的に〝これをしたい〟と発信してくる傾向が強いこともたしかです。

多くの指導者は、厳しい上下関係のなかで育ち、たくさんのことを学んで人格形成をしてきました（私もそのような環境で育ちました）。それだけに、現代の変わりつつある人間関係に対して、違和感を抱く人も多いでしょう。本音を言えば、私自身も厳しい上下関係が悪いことばかりだとは思っていません。

ただ、いまの選手たちのことを考えると、彼らに合った指導が必要であり、そのためには選手との関係性のあり方をもう一度考えてみることも必要ではないかと思うのです。

選手の気持ち

指導者と選手の関係がどういうものであるかわかっているつもりだけれど、場合によっては指導者の〝本当の気持ち〟を知りたいときもある。

即 さあ、すぐに実行!

"指導者目線"＋"選手目線"で選手の気持ちを汲み取る

ふだんから、指導者としての意見のほかに、選手目線に立った場合の意見も伝えるようにします。

たとえば、試合のとき審判が明らかなセーフなのにアウトのジャッジをしたとします。この場合、指導者の立場としては、「審判がアウトと判定しているのだからアウトだ」と言って、選手を納得させる必要がありますが、選手の立場では、「あれはセーフに見えたよね、でもアウトだからしょうがない。切り換えていこう」と励ますようにします。

選手は、わかりきったマニュアル的な回答よりも指導者の本音や気持ちを知りたいと思っていることが間々《まま》あります。指導者としてはマニュアルの範囲内でもいいですが、試合（練習）後は、できる限り1対1の人間として助言するように心がけましょう。

「あなたの気持ちだけは理解しているよ」という意志表示があるだけで、選手のメンタルは違ってきます。それだけで、選手にとっての良き理解者、信頼される指導者になれる可能性が広がります。

惜しいプレーだったな. 切り換えていこう!
ありがとうございます

選手の努力に応えるため指導者も自分に妥協しない姿勢をもちつづける

ポイント

選手の頑張りに応えていない行動は不信を招き、最終的にはチーム力を低下させる

選手は自分たちがやっているのと同等のことを指導者にも求める

選手に対して「妥協するな」という指導者はたくさんいます。それでは、指導者自身はどうでしょうか。選手ではないから妥協してもいいのか……、みなさんはどうお考えでしょうか。

ある高校の女子バスケットボール部が、自分たちの学校に対戦相手を招いて練習試合を行いました。試合後は、各々のチームで練習をしていましたが、相手チームがまだ残っているというのに、指導者（監督）が「お先に」と言って帰ってしまいました。

私はこのチームと関わるようになってまだ日が浅かったので、びっくりして近くにいた選手にたずねたところ、「監督は自主練習は見ずに帰ってしまうことが多いです」という答です。

「でも、監督に質問したいこともあるでしょう」と聞くと、「もちろんありますが、時間になると帰ってしまうので、いつもはコーチに教えてもらいます」とのこと。

私はしつこくその選手に、「本当は監督に最後までいてほしいか」と聞きました。すると、「やはり監督には自分の練習している姿を見てほしいです」と答えました。

私はこのとき、選手たちは監督が早く帰ってしまうことに不満を抱いてい

選手は指導者に“自分の練習する姿を見てほしい”と思っている

ると感じました。

それからしばらくして、3年生にとっては最後となる大会がやってきました。トーナメント戦のため、負けたら終わりでしたが、2回戦で敗退。選手には申し訳ないのですが、私はこのチームが勝ち上がることは難しいと思っていました。

なぜなら、選手、あるいはチームの潜在能力は別として（実際レベル的には高いものがあったと思います）、指導者が選手の小さな変化を自分の目で見ない（見ようとしない）ことが、選手1人ひとりに影響していて、それがチーム力に大きな部分で関わっていると感じたからです。

試合終了後、思ったとおり選手の多くから「監督には自分の練習するところをもっと見てほしかった」という声が聞かれました。

この言葉には〝見ていてくれないと頑張れない〟という甘え・弱さや〝見てもらえれば試合で使ってもらえるかもしれない〟という気持ちも感じられますが、監督が見ていることで選手が頑張れるのはたしかなのです。

選手は自分に妥協することなく自主練習をつづけているのだから、指導者も自分の都合で早々に帰るのではなく、たまには選手の自主練習に付き合う。私には、その姿勢がチーム力に結びつくように思えてなりません。

選手の気持ち

自主練習は、自分自身のためにI人で行うものだということはわかっているけれど、見守ってくれる人がいるとやっぱり励みになる。

即 さあ、すぐに実行！

“指導日記”をつけて自分の考えがぶれないようにする

(1)指導日記をつけます。これは選手ではなく指導者自身が取り組む方法です。

人は多くのことを忘れてしまいますし、記憶も時を経るとあいまいになったり、事実を自分の都合のいいように変えてしまうことがあります。「言っていることが前と違う」というのは、選手が戸惑うだけです。選手に指導したこと、気づいたこと、選手の変化、自身の考えなどを毎日記録して、しっかりと自分を振り返ることができるようにします。

(2)グループ分けをして人間跳び箱をします。先頭になった人がしゃがんで、他の人たちが跳び、次に先頭になった人がしゃがんで、また他の人たちが跳ぶ、これを繰り返します。確保できる場所の広さによって跳ぶ距離や人数を決めるといいでしょう。

どのグループが一番早いかを競い合いますが、競技に集中して一生懸命に取り組むこと（妥協しないこと）が目的なので、人間跳び箱以外にも全員で取り組めるものであればOKです。

[Lesson]
3

選手の言葉を勝手に解釈せず同じ意味でとらえているかを確認するようにする

ポイント

あいまいなままで話を終わらせずに、ポイントとなる言葉のとらえ方を確認する

指導者の思い込みが強いと選手の言いたいことが伝わらない

多くの指導者が「最近の若い選手のことは理解できない」とか「何を考えているかわからない」と言います。だからといって、〝どうにもならない〟とあきらめていたのでは前に進めません。

スポーツの現場にいて私が感じるのは、選手と指導者が話をしているとき、指導者の〝こうであろう〟というある種の思い込みが強すぎて、選手の言葉の意味が正確に伝わらないことがあるのではないかということです。

指導者は、自分も経験したことだから予想はだいたい当たっていると考えているようですが、はたしてそうでしょうか。

あるとき、足にケガをしている選手に指導者が声をかけ、次のようなやりとりがありました。

指導者「最近、調子はどうだ?」

選手「とても疲れやすいです」

指導者「そうか、やっぱりケガをしていると体に負担がかかるからな」

選手「いや、ケガの影響ではないと思うんですけど……」

こういったやりとりがあった場合、指導者によっては「そうか」と言って会話を終わらせてしまうこともありますが、この指導者は「じゃあ、何が原因だと思うんだ?」と会話をつづけました。ここまではＯＫです。

言葉のとらえ方のズレをなくすためにも選手の話をきちんと聞く

選手は「家族と離れて暮らしているので、なかなか慣れなくて……」と答えましたが、それに対して指導者は「いまのうちに身体を休めて、新たな気持ちで頑張りなさい」と言って話を締めくくってしまいました。

この指導者は〝家族と離れて〟という言葉からあるイメージを抱いて納得し、会話を終わらせたようですが、さらに突っ込んで具体的に何がきついのかを聞いてあげないと、選手と指導者の間のとらえ方に差異が生まれ、何が問題かを的確に把握することができなくなります。

「そこまで細かく聞かなくてもわかるよ」と多くの指導者が言うかもしれませんが、私がこの選手に何が疲れるのか聞いたところ「ご飯の用意も洗濯も何もかも自分でやって、学校のこともあるので大変です」と言っていました。寮ではなく完全な1人暮らしであるという点がポイントで、家族と離れて寂しい点ではありません。指導者がそこまで理解していたかは疑問です。

先にも述べたとおり、指導者は選手に起きているできごとについて想定の範囲内で予測をし、自分の経験に当てはめて理解しようとする傾向があります。ここに、選手と指導者のとらえ方のズレが生じるのです。

このズレを解消するためにも、選手の話をきちんと聞いて、言葉の意味のとらえ方が同じであることを確認しておく必要があります。

選手の気持ち

ここで会話終了ではなく、もう少し突っ込んで1人暮らしの大変さについて話を聞いてもらえるとうれしいのだが……。

即 さあ、すぐに実行！

“選手＋指導者”で目標を声出しし心を1つにして練習する

⑴ある言葉について指導者がイメージすることを3つ書き、それを見て選手1人ひとりがそれについて優先順位をつけます。一番多かったものをチームで最優先すべきこととします。

たとえば〝思いやり〟という言葉について指導者がフリップや紙に①相手のことを考えて行動すること、②いつも変わらないこと、③自分より相手のことを優先すること、と書きます。そうすることで、まず〝思いやり〟に対する指導者の考えを伝えられ、そのなかで優先順位を決めることで、指導者の考える思いやりと選手の考えるそれを刷り合わせることができます。

⑵毎日全員で目標を声出しするようにします。指導者も一緒になって、毎日練習前にチームの目標を大きな声で言います。

そうすることで、指導者と選手の気持ちを1つにして、練習に臨むことができますし、胸や肺にしっかりと空気を入れて呼吸することで、練習に入るための心と身体の準備をすることができます。

[Lesson]
4

選手のことをより理解するため、“共感ポイント”を探る手間を惜しまない

君のような若者が
盆栽好きと知って
わしは心底
うれしいのじゃ
和の
心ですね

ポイント

選手との共通項を見つけようとすることで、お互いの信頼関係を強くすることができる

“笑いのツボ”は、その人を知る大きな手がかりになる

あるとき選手たち数人が、テレビのお笑い番組でやっていたプロスポーツ選手のものまねの話をしていました。

「すごくおもしろかったよな」

「最高だよ。あの選手のものまねは、顔で笑わせるんだよ」

「いや、顔よりも手と足の動きがマジ（本当に）似てる」

「俺なんか、あの芸人が出てくるだけでずっと笑っちゃうんだよな」

「俺にもできそうだ、と思わせるところがミソだな」などと言って盛り上がっていました。


そこへ指導者が通りかかり、「何を騒いでいるんだ?」とたずねました。選手が「監督はプロスポーツ選手のものまね芸人を知ってますか?」と聞くと、「あぁ〜見たよ。おもしろいよな」と言って、話の輪のなかに加わりました。私はその様子を見ていて、笑いというものは、その人を知るための大きな手がかりになると改めて感じました。

少し専門外の話をしますが、いわゆる〝お笑い〟のジャンルは、漫才、コント、ものまねなどに分けられます。この内のどれを好むかによってある程度その人の傾向がわかります。また、同じ漫才好きであっても、どんな芸人が好きかによってその人のことがより見えてきます。さらに、冒頭の例のよ

“共感ポイント”を探ることが選手を知ることにつながる

うに、同じ芸人が好みだとしても、どこで笑うかという笑いのツボは、人それぞれで違ってきます。ここが、その人を知るポイントとなるのです。

最近、多くの指導者から〝若い選手の考え方や思考回路が自分自身のそれとあまりにも違っているため、理解するのが難しい〟という話を耳にしますが、指導者のみなさんが本当に選手のことを知ろうとして取り組まれているのか疑問に感じることがあります。

ある特定の選手については〝好ましくない〟と思う部分があって、最初から理解することを放棄しているのではないかと思われることがあるのです。

選手は指導者に自分のことをわかってもらいたいと思っています。だからこそ、知るための努力を惜しんではいけないのです。ここで大きな役割を果たすのが〝共感ポイント〟。これはお互いが共感し合える部分のことで、この共通項が多いほど深く交流できる可能性が高まります。

選手と指導者は年齢的に離れていることが多く、その意味では共感ポイントを探すのは難しいかもしれませんが、スポーツ、食べ物、映画、読書など、趣味的なところからお互いの共感ポイントを探ることは可能です。そして、そのなかでも意外に〝使える〟のが笑いに関することなのです。みなさんも、ぜひ一度試してみてください。

選手の気持ち

自分の好きなプロスポーツ選手や俳優、作家などが指導者と同じ場合、そのことについて話をしてみたいと思う。

即 さあ、すぐに実行！

“共感クイズ”によって チーム の共感ポイントを探す

(1)〝共感クイズ〟を出し合います。質問者は1人、回答者はその他全員で、10人の質問者を用意します。質問は1人1問とし、より多く共感できる人がいた選手が勝ちです。

たとえば、「競技を始めたきっかけは兄弟・姉妹の影響である」という質問を投げかけ、手をあげてもらいます（人数を記録）。次に違う選手が「競技関係のDVDをよく見る」と質問し、共感する人は手をあげます。10人の質問者が競技に関する質問をして、みんなの共感ポイントを探るのです。このほか、選手から指導者、指導者から選手に質問するパターンも考えられます。

(2)選手のプロフィールアルバムをつくって、指導者が選手を理解するための材料にします。内容としては、年単位の目標、引退時にどうなっていたいか、自分のここがすごい！、オフに何をするかなど、競技に関する質問からプライベートなものまで10問ほど用意します。

まずはお手本として、指導者のアルバムを作成するといいでしょう。

一本取って
ガッツポーズしたら
勝ちが取り消された
これは当然だと
思う？

[Lesson]
5

練習以外の行動からも選手の考え方や性格を読み取るようにする

ポイント

清掃活動など、通常の練習以外で見せる選手の行動からは、活きた情報を得ることができる

校外活動での行動からどんな考え方の選手かがわかる

今回は、クラブ活動そのものではなく、その一環として多くのクラブで実践している美化活動（学校周辺の清掃など）についてお話しします。

冬のある日、閑静な住宅街のなかにある高校の周りで雪が積もりました。私が関係しているクラブでは定期的に学校周辺の清掃活動をしていたため、指導者は当然のごとく「いまから全員で雪かきをするぞ」と号令をかけ、選手たちは道具をもって作業に取りかかりました。

ふだんから美化活動をしていたので、露骨にイヤな顔をする選手はいませんでしたが、このような校外活動で示される行動からは、選手個々の考え方や性格を読み取ることが可能です。

A君は、さっさと作業をすませようとばかり、深く考えることなく1箇所に雪を集め始めました。B君は、雪が溶けやすいように日の当たる場所に雪を集めました。C君は1箇所に集めず、道路脇にまんべんなく除《の》けていきました。

雪かきという作業1つをとっても、大きく分けてこのような3タイプの選手がいたわけですが、彼らの考え方や性格を行動から読み取ると次のようになります。

①A君のようなタイプ：雪をかくのは大変だから早く終わらせたいという意識しかないため、雪を積む場所の適・不適に考えが及んでいない。基本的

選手と共有する時間が増えれば得られる情報も多くなる

に自分のことが中心で、周りを見ていないタイプ
②B君のようなタイプ：最終的にどうなるのがベストかをイメージして、どのようにしたら雪が早く溶けるか、安全な場所はどこかなど、先のことまで考えられる視野の広いタイプ
③C君のようなタイプ：とりあえず人が通れる道をつくればいいという意識なので、場合によっては二度手間になるということまで考えていない。①に似ているともいえるが、さっさとすませたいとも思っていないタイプ

このように、選手の考え方や性格は、練習以外の行動からも情報として得ることができます。今回は雪かきの例ですが、同じようなケースはいろいろと考えられるでしょう。

このほかにも、清掃用具を丁寧に扱かっているかどうかによって、物に対する選手の考え方、認識のしかたを読み取ることができます。また、作業を大雑把に行う選手は、概してプレーのなかでもその傾向が出て、1つのプレーが雑になってミスにつながりやすいといえます。

合宿や寮生活などでより多くの時間を選手と共有することになれば、ふだんの練習や生活からは得られない新たな情報を読み取ることが可能です。そういった意識をもって臨んでほしいと思います。

選手の気持ち

指導者が自分たち選手を観察していることは知っているけれど、いつもそれを気にしているわけではないので、練習以外の活動のときに〝素の自分〟が出るのかもしれない。

即 さあ、すぐに実行！

選手が語る内容から、より多くの情報を読み取る練習をする

①クラブ活動において、②学校（会社）において、③生活において、という3つのお題のなかから1つを選んで、それに関するネガティブな話、あるいはポジティブな話を3つ上げ、全員の前で発表させます。

聞いている側は、語られる内容からその選手の考え方や物事の見方、あるいは性格などを読み取る練習をします。そしてその結果から、たとえば

◎短気な性格→プレー中ムキになって前後が見えなくなる

◎だらしがない→プレーが大雑把になり、ミスをしやすい

などの可能性を探ります。発表する人数は、1日5人くらいを目安にします。

また、テーマ設定のしかたによっては、これまで知らなかった選手の一面をうかがうことができるでしょう。たとえば、〝①クラブ活動において〟に限定して、〝最近とくに感じていること〟というテーマで2、3分の話をさせるのもおもしろいかもしれません。

[Lesson]
6

“黙ってやりすごす”ではなく、“言ってよかった”と思える雰囲気で発言を促す

ポイント
自信をもって自分の意見を言えるようにすることが、チームカアップにつながる

全体ミーティングを包む重苦しい空気の正体は何か？

あるクラブで全体ミーティングをすることになりました。ミーティングのテーマは〝試合に負けた原因の追及と反省〟。まずはポジション別で話し合い、「連係ミスがあったので、ピンチのときは声をかけていきたい」など、細かい部分までチェックしました。

次に部員全員による全体ミーティングに移りました。しかし、グループでの話し合いからクラブ全体になったこと、チームのマイナス部分を指摘する結果になることから、誰からも意見が出ません。

そんななか、指導者が「悪いところも言えないチームでは絶対に良くはならないぞ！」と言いました。指導者としては発言を促したかったのでしょうが、かえって下を向く選手が多くなり、発言しづらい雰囲気が強くなりました。

しびれをきらした指導者は、「誰か意見はないのか？　何でもいいから言いなさい」と語気を強めました。すると、ある選手が「ダラダラと集合するのを改善することも必要だと思います」と言いました。しかし、指導者は「そういうことじゃないだろう」と、その意見をすぐに却下してしまいました。

雰囲気はさらに悪化してその後も重い空気が流れ、発言する選手はゼロ。結局時間切れで、次回に持ち越しとなりました。

このような光景は、クラブ活動に限らず、集団で会議をする場面ではよく

発言を妨げるいくつかのハードルを乗り越えて自信をつける

見かけます。先のポジション別のように少人数であればそうでもありませんが、人数が多くなると、それにともなって沈黙することが多くなるのです。

発言することができないのは、大きく①誰かが言ってくれるだろうという他人任せの人、②わからないから言えないという人、③言いたいけれど言うのをためらっている人、④自分を守るために言わないという人、の4タイプに分けられます。

選手の気持ちには､手をあげて発言すること自体に対する壁､発言後に誰かに反対または指摘されることに対する不安、反対または指摘された場合に感じる「言わなければよかった」という後悔の気持ちなど、越えなくてはいけないものがあります。

これを乗り越えられないと、先にあげた4パターンのうちのどれかにはまり、発言することに対する良いイメージがもてなくなるのです。つまり、自分の意見があっても自信がなく、発言によって責任を背負いたくないという気持ちになってしまうのです。

これを払拭するためには、発言を妨げる要素を取り除いて、自信をつけるしかありません。そのためには、自分の意見が認められて「発言してよかった」と思える体験を積み重ねるしかないのです。

選手の気持ち

自分の意見を否定されたり、不備な点を指摘されたりして嫌な思いをするくらいなら、黙ってやりすごすほうがいいという気持ちになる。

即 さあ、すぐに実行

沈黙が長くつづくときは何らかの方法で意思表示させる

⑴指導者は、ふだんの練習から選手が発言したこと自体をほめるように意識します。

選手の発言に対する指摘は、即座にではなく、他の意見も出させてからまとめて行うようにします。これは発言に対するハードルを低くし、発言するという行動に自信をもたせるためのポイントです。

⑵沈黙がつづく場合には、まず意思表示をさせます。たとえば、じゃんけんのグー＝意見なし、チョキ＝意見あり、パー＝考え中と決めて、座った状態で選手に手をあげさせます。時間をムダにしないためにも、意志表示させることは有効です。

⑶ある決断をした場合は、なぜそうしたのか、その理由を明確にするようにします。

もし決断できないときは、①決断する習慣がない、②やりたくないから選びたくない（責任逃れ）、③どんな選択をしても同じ、④他にいい方法がある、という選択肢からできない理由を選ばせ、それをきっかけにして発言を促すようにします。

[Lesson] 7

余裕がないときほど選手の話に耳を傾けることを忘れない

ポイント　選手が相談するタイミングを逃さないように、忙しいときほど“ウェルカム”の姿勢を示す

指導者が考える以上に、選手は“話すタイミング”に気をつかう

クラブ活動の指導者は忙しいのが当たり前です。それ故に選手と指導者のすれ違いが生じます。

あるとき、A君が神妙な面持ちで指導者（監督）のところにやってきました。指導者は忙しげに資料整理をしていました。

A君はその様子を見て一瞬考えてから、「あのー」と重い口を開きました。

指導者「どうした？　何かあったのか？」

A君「あのー、ちょっと……」

指導者「なんだ、言いたいことがあるのなら言いなさい」

A君「あ、やっぱりいいです、何でもありません。失礼しました」

A君はそう言い残して行ってしまいました。指導者は、一瞬追いかけようとしましたが、作業に追われていたためそのままつづけました。

A君は一大決心をして指導者のところに行きましたが、あまりにも忙しそうなので〝いまは話すべきではない〟と判断して話すのをやめたのです。

じつは、A君はケガをしていました。痛いのをこらえて練習していましたが我慢できなくなり、指導者のところへ相談に来たのでした。そうとは知らない指導者は、A君を大会に出場させることを決めていました。もしそうなっていたら、試合当日のメンバー入れ替えという事態になっていたかもしれません。

選手の気持ち

〝絶対に話す〟と決めて指導者のところに行っても、実際に忙しそうな姿を見ると自分が邪魔なように思えて、〝次の機会でいいや〟と考えてしまう。

ケガの相談はとくに微妙なので選手の様子に注意を払う

このときはたまたま向かいの席にコーチがいて、A君の様子を見ておかしいと思ったことからケガのことが判明し、最悪のケースは避けられました。

そのことを知った指導者は「なぜ言いに来たときに話をしなかったのだ」とA君を責めました。A君は「監督がとても忙しそうなので言えませんでした」と答えましたが、それに対して指導者は「忙しそうだろうが、機嫌が悪そうだろうが、大事だと思うならきちんと話をしなさい」と叱りました。

もちろんこれは正論です。しかし、選手にしてみると、指導者が忙しそうにしていたら自分の個人的な話を切り出すのはなかなか難しいものです。相手の状況を思いやることができる優しい選手ほど、身を引いてしまうかもしれません。

とくにこのケースのようにケガがからんでいる場合は複雑です。部員数が多く、選手のレベルが均衡している場合は、自分のケガや不調を隠してでも試合に出ようとする選手が少なくありません。チームのことを考えれば言うべきだとわかってはいるものの、なかなか難しいものなのです。

選手が指導者に相談したいことはケガに限ったことではありません。指導者が忙しさに追われて大事なことを見落としてしまわないように、余裕がないときこそ選手の話をきちんと聞くという姿勢をもってほしいと思います。

即 さあ、すぐに実行！

選手が話の重要度を判断してから指導者に相談する

(1)選手が指導者に話したいことや報告すべきこと（報告、連絡、相談）がある場合、あらかじめ重要度のレベルを3段階（A：すぐに対応、B：その日のうちに対応、C：後日で可）のうちのどれであるか決めさせ、言わせてから話をするようにします。

選手と指導者で重要度を共有したり、選手が話の内容をまとめる力を養うのに効果的です。

(2)指導者自身のクールダウンを図ります。何かに追われていると呼吸が浅くなりふだんのペースが乱れます。濡らしたタオルなどを使っておでこを冷やし、自分の通常のペースに戻します。

(3)指導者は、ランクづけをして仕事をします。やるべきことを書き出して、A：時間がかかりストレスの多いもの、B：時間はかかるがストレスの少ないもの、C：時間はかからないがストレスの多いもの、D：時間がかからずストレスも少ないもの、にランク分けをして対応します。Aのように厄介な案件は、早めに取りかかることをおすすめします。

[Lesson]
8

技術指導は、言いっぱなしでなく、選手が習得するまで我慢強くケアする

ポイント　選手と指導者の行き違いをなくすため、技術的な指導に関する“約束ごと”を決めておく

選手は、技術指導の成果がすぐに現われることを求める

技術指導をめぐる選手と指導者の行き違いは、たびたび起こります。

あるとき、指導者がAさんに対して技術指導のアドバイスをしました。「もっと手首の使い方をやわらかく！」「全身の力を抜いて○○してみよう」など、具体的な技術を教えました。Aさんもそのときは納得した様子でした。

翌日、指導者が見たところ、Aさんはアドバイスどおりにしていましたが、次の日は微妙に違うやり方を、そしてその次の日は、指導した方法とまったく違うことをしていました。指導者は、「一生懸命指導したのに、なぜやりつづけないのか……。1日2日やってしっくりこないからといって、すぐに変えてしまったら意味がない。そんなことの繰り返しだ……」と嘆いていました。

じつは、その選手についてはいままでも同じようなことがあり、指導者としては期待を裏切られつづけているという思いがあるようでした。「何度やっても同じだ。彼女には何も指導しないほうがいいと思えてくる」という言葉から、あきらめて見放している様子がうかがえます。

一方、そのときAさんはどう考えていたのか直接聞いたところ、「監督のアドバイスは理解したつもりです。何度かやってみましたが、どうもうまくいかず、監督が近くにいるときだけ納得したフリをして、結局は自分のやり方に戻そうと思いました。けれど、考えながらやっているうちに今度は自分

選手の気持ち

教えてもらったことの成果がすぐに現われればいいが、実際はそう簡単にいかないことはわかっている。けれども、ある程度の時間が経過しても手応えが感じられないと不安になる。

選手が意見を言いやすいように抑圧的な言い方はしない

のやり方がわからなくなってしまい、いまは迷走中です」。と答えました。

選手と指導者の間に明らかな行き違いが生じていたわけですが、私はこれではいけないと思い、お互いの考えを双方に伝えました。Aさんはしばらくの間頑張っていましたが、その後も技術が安定しないため試合にはなかなか出られませんでした。

さて、今回の例について、指導者サイドに立って〝やっておくべきだったこと〟を私なりに整理してみました。

◎選手に対して、ある程度は我慢して継続する必要があることを告げ、その期間を設ける必要があった

◎自分の指導した方法が選手に合わない可能性があることを想定して、そういう様子が見られたら声をかける、あるいは、違和感がある場合は指導者にフィードバックするように言っておく必要があった

このようにしておけば、選手が〝この方法でやりつづけることは難しい〟と感じたとしても、次の方法を一緒に考えることができます。

もう1つ忘れてはいけないのが、抑圧的な言い方をしないということです。ベテランの指導者ほどその傾向が強いものですが、これは選手が言いたいことを抑え込む結果となり、行き違いが生じる要因になります。

即 さあ、すぐに実行!

選手と指導者のイメージを共有するため、声かけを重視する

⑴練習中に指導者が何も言わない場合、基本的には①それでいいと認めている、②（認められないが）様子を見ている、の2つのパターンが考えられます。しかし、選手によっては指導者の意図していることと逆の受け取り方をしている場合があります。たとえば、指導者が①と感じているのに、選手は②と思ってしまう、あるいはその逆です。

こうしたことが起こらないためにも、先ほども述べたような指導者の〝声かけ〟が必要になります。言いっぱなしにせず、アフターケアを実践してください。⑵選手は、自分が良くなるイメージがもてないと、指導されたことをつづけられなかったり、いつの間にか元に戻っていたり、勝手に変えてしまったりするので、指導者と選手のイメージを共有することが重要です。「ここを○○したら、レギュラーになれるぞ」「□□したらもっと強いボールが打てる」など、レギュラーになった自分と指導してもらった内容がイメージとして結びつくようにするとよいでしょう。

[Lesson]
9

適度な感情表現のため選手に表情のコントロールということを意識させる

ポイント

感情表現が豊かでも乏しくても一長一短があるので、トレーニングである程度の操作を可能にする

感情表現が乏しいのは社会環境の影響も大きい

選手には、喜怒哀楽がわかりやすいタイプとわかりにくいタイプがいますが、みなさんはどちらが指導しやすいでしょうか。

私の経験では、指導者の多くは感情が表に出やすい選手のほうを好むように思います。その理由は、表情が読み取りやすいと指導するうえでいろいろな判断がしやすく、また教えがいがあるからです。逆に感情をあまり表に出さない選手は、理解しているかどうかの判断がしにくいため、指導しづらいと感じられます。

〝最近の選手は何を考えているのかわからない〟とはよく言われることですが、その要因の大きな部分も感情表現が豊かでないことに求められます。これについては個人の性格や家庭での育て方以前に、社会環境の影響を見逃すことができません。

いまどきの選手たちは、追い込まれた状況になることや、感情表現を必要とされる機会が少なくなりつつあります。通信手段（EメールやLINEなど）の発達によって人と直接コミュニケーションをとる必要がなくなったことも原因の1つといえます。

顔を合わせなくても連絡がとれ、自分が行動しなくても目的が果たせるなど（ネットでの買い物や配送手配など）、便利ではあるものの閉鎖的といえ

喜怒哀楽が表に出る、出ないは良い面・悪い面の両方がある

る環境のなかで、選手たちは当たり前に育っただけなのです。

さて、感情表現が豊かな選手は〝わかりやすい〟という良い面をもっていますが、試合になると相手に考えていることを読み取られやすいという不利な面もあります。逆に、ふだん感情が表に出ない選手は〝理解しにくい〟面がありますが、試合ではその点が相手に対して有利に働くことがあります。

喜怒哀楽が表に出るかどうかは良い面、悪い面の両方をもっていますが、感情のコントロール、あるいは表情を操作することは重要です。私が知っているある選手は、なかなか表情が読み取れないことが要因となって人間関係が得意ではないため、それを改善すべくトレーニングを行っていました。毎日鏡に向かって喜怒哀楽を表現するというシンプルなもので、たとえば〝喜〟を表すときは歯を見せて笑います。

これは人に感情を伝えやすくするトレーニングといえますが、その選手は最初恥ずかしがって表情をつくることができませんでした。しかし、毎日つづけることで少しずつ顔の表情筋がやわらかくなり、笑顔や表情が自然になって、相手に感情を理解されやすいようになりました（意識しないと無表情なので、試合ではそれが有効に働いています）。トレーニングすることで、表情をコントロールすることは可能なのです。

選手の気持ち

自分では笑っているつもりだが、人にはそう思われないらしい。鏡を見てトレーニングするのは恥ずかしいけれど、この際遊び感覚で無心になってやってみようかな……。

即 さあ、すぐに実行!

感情が出やすいタイプ・出にくいタイプ別にトレーニングする

自己判断で、自分は感情が表に出やすいタイプか、出にくいタイプかを決めます。判断できないときは周りの人に評価してもらい、どちらのタイプか決めます。次に、喜怒哀楽それぞれについてキーワードを決めます。そして、4人1組になり、1人の選手に対して他の3人がキーワードを言います。

感情が表に出やすいタイプは、喜と楽のキーワードを言われたらその感情を表現します。怒と哀のときは顔の表情をなくします(無表情)。また、感情が表に出にくいタイプは、喜怒哀楽のすべてについて感情を表現します。恥ずかしさがあると表情のメリハリがあいまいになるので、トレーニングだと割り切ります。

これは、最終的には感情をコントロール※することにつながるもので、試合の苦しい状況下で前向きな雰囲気をつくり出したり、日常生活で感情を操作する技術として使うことができます。最近は感情がないのではないかと思われる選手もいるので、自分のなかにある感情を沸き起こすという意味でも効果的です。

※表情の即効的なコントロールが目的なので、感情のコントロールにつながるのには時間がかかります。↓【レッスン18】参照

〈 COLUMN 〉❷

最近ありがちな“ミスして笑う選手”の本音

ミスをしたときに“自分のミスを笑う”選手がいます。指導者の多くは“なぜ、ミスをしたのに笑うのか”と、怒りと不可解さの混じった感情をおぼえるものですが、じつは笑うのには理由があります。選手に聞いてみると「無意識でした」とか「すみません」と答えることが多く、自分のミスに対する“照れ隠し”であることがうかがえるのです。

指導者の方に理解していただきたいのは、選手はミスしたことを反省しているという点です。ミスした内容について笑っているのではなく、ミスした自分を笑っているのです。

ただ、その思いのなかには、仲間や指導者に怒られるかもしれないから笑ってごまかしたいという気持ちが含まれており、いわば自分を守るために笑っているといえます。このような選手は非常にプライドが高く、自分の格好悪いところを見せたくないと思っている可能性があります。

指導者にしてみたら“ミスしたのに笑うとは何ごとだ。真剣にやれ！”と思うでしょう。もちろん、選手は真剣にやっているのですが、真剣さの度合いが異なるのかもしれません。

極端な話、自分の今後の人生を左右するようなシチュエーションであれば、まず笑う選手はいないでしょう。

もし、1人の選手が笑うことで、チームの雰囲気を緩いものにしたり、士気を下げることにつながる場合は、“真剣さ”について改めて話し合うのがいいでしょう。

ミスしたときの選手の気持ちを理解したうえで、試合中に照れ隠しは必要ないこと、1人で戦っているわけではないことを伝えます。選手が自分を追い込まざるをえない場面を設定して、真剣さの度合いを一緒にする練習を行うのも1つの方法です。

第3章

選手をその気にさせる
モチベーションアップ法

[Lesson]
10

選手も指導者も“現状打破“するために必要なことを実行する

ポイント
当たり前のことをしていても現状維持しかできない。
“それ以上”の積み重ねで現状打破が可能になる

現状を打破するために“なすべきこと”を考える

現在プロ選手として活躍しているAさんは、高校時代指導者からよく「現状打破だ!」と言われていたそうです。

あるとき、なぜ同じことばかり指摘されるのか考えたところ、その言葉を言われるのは〝きのうできていたことが今日できない〟〝できないことがそのままになっている〟ときだということがわかりました。

そして、指導者の「今日の自分とは、きのうの自分を越えていくということだ。現状打破を毎日積み重ねていきなさい」という言葉を考え合わせたとき、Aさんは〝監督には、現状打破していない自分を見透かされている。ばれている〟と感じたといいます。

その後、指導者のその言葉が、練習に取り組む姿勢を見直したり、自分に意識を向ける際の指針になりました。ときには、楽をしてうまくなりたいと思うこともありましたが、彼女は強い意志をもって〝現状打破〟に徹しました。

一口に現状打破といっても、これは前述した指導者の言葉にあるとおり〝きのうの自分を越えていく今日の自分をつくりあげる〟ということを意味します。したがって、現在の自分の状況や克服すべき点、そのためになすべきことなどを考えて、それを実践していかなければなりません。それはとても苦しく、厳しく、孤独な作業です。

選手の気持ち

現状打破ということはよく言われるが、あまり深く考えることなく〝もっとしっかり練習すること〟程度の意味にとらえていた。

ライバルに向かう意識を“弱い現在の自分”に向ける

しかし、Aさんは、指導者から言われた言葉を胸に刻んで卒業するまで現状打破をやり抜きました。そして、紆余《うよ》曲折《きょくせつ》を経て希望どおりプロになることができました。

もちろん、現状打破ということだけでプロになれたわけではありませんが、指導者の言葉をしっかりと受け止めて、その意味を考え、実行してきたことがAさんの飛躍につながったのはたしかでしょう。

私は、現状打破とは、仲間や他の選手に向かいがちな意識を、自分自身に戻し、〝弱い現在の自分に打ち勝つ〟ということだとも解釈しています。Aさんはそのことを理解できていたからこそ、自分に限界をつくることなく成長できたのだと思います。

みなさんも、現状打破ということについて一度じっくりと考えてみてください。選手にとっての限界の基準はまちまちで、何をもって厳しいと感じるかについては〝自分に足りないものがあるから厳しく感じるのだ〟としか言えません。しかし、この一言を指導者が選手に教えてあげるだけでも選手のサポートにつながり、選手自身が現状打破に取り組むきっかけになるように思います。

次の頁では、現状打破につながる具体的な方法について述べます。

即 さあ、すぐに実行！

“できない理由”VS“できる理由”で不可能を可能にする

みんなで何かに取り組むとき、〝できそうもない〟と思う選手は、その理由（できない理由）をいくつか紙に書き出します。そして、それをもって学校で一番強いクラブの選手に聞きに行きます。取り組むことやできない理由を話して、それを1つずつ潰してもらうのです（できる理由を聞く）。

この方法の目的は、選手が言い訳できないようにすることです。同じクラブ内の仲間などに聞いたりすると、同調し合う恐れがあるので、一番強いクラブの選手に聞きます。そうすれば、選手が不可能だと感じることを打破する道が見つかる可能性が高まります。

【例：ランニング校内20周】

●できない理由①：苦しくて倒れそうになる⇓◎できる理由：苦しくても、耐えなければ終わらない

●できない理由②：ケガが心配⇓◎できる理由：ケガはあくまでも自己責任

●できない理由③：走るのが嫌い⇓◎できる理由：〝嫌い〟は理由にならない

[Lesson]
11

選手と一緒に競技を楽しむことで、チームの雰囲気を盛り上げる

ポイント　指導者が練習に参加することが、選手のモチベーションアップ、チーム力向上につながる

選手が楽しく練習するために指導者ができることは何か?

ある高校のサッカー部は、いつも和気藹々《わきあいあい》としていて笑顔が絶えません。みんなで楽しく練習をして、1人ひとりが伸び伸び、生き生きしているという印象です。決してダラダラしているわけではなく、緩くなりすぎない程よい緊張感があり、本当に良い雰囲気です。

このチームには、1つの約束事があります。それは、指導者が練習テーマを発信するということです。その日のテーマは〝遊園地に行ったようなワクワク感や楽しさをみんなで共有し、一緒に練習に取り組もう〟。その意味は〝遊園地で味わえる楽しいという気持ちをクラブ活動でも感じられるように練習しよう〟ということだそうです。

練習後、選手に話を聞いたところ、次のような意見がありました。

「練習が楽しい。大変なこともあるが、監督がいつもテーマを決めて楽しませてくれるので、お祭りみたいな雰囲気でみんなと練習できる」。

「これまで楽しさを知らずに競技をつづけてきて、正直自分がこの競技を好きなのか嫌いなのかわからなかった。でも、いまは入部して本当に良かったと思っている」。

次に指導者に「このチームはみんなが楽しそうに練習していますが、その秘訣はなんですか?」とたずねてみました。すると、

選手と指導者が競技を楽しむ姿勢が両者の温度差をなくす

「つねに選手と楽しく練習をしたいと願っているし、選手には練習でもワクワクして自分が成長していく過程を楽しんでもらいたいと思っている」という答が返ってきました。そして次のようにつづけました。

「選手本来の能力を引き出すには、まず気持ちの面で丸裸にさせて理解しなければならない。選手の〝素〟を楽しさという側面から見ているわけで、だからこそ、毎日の練習を楽しいと感じられる雰囲気にする必要がある」。

ちなみに、このチームのモットーは〝楽とは違う楽しさ〟だそうです。

競技の楽しさを知ることができた選手は幸せです。それを体験することで、競技に対するモチベーションや、窮地に立たされたときに踏ん張れるエネルギーになります。このチームが結果を出しているのは、〝指導者が選手と一緒に競技を楽しんでいる〟という点も大きな要因となっていると言えるでしょう。

この〝指導に携わるのではなく自身も参加する〟という姿勢は、選手と指導者の間に生じがちな競技や練習に対する温度差をなくすという意味でも効果があります。チーム事情などで、指導者が参加するのは難しいというケースもあるかもしれませんが、この指導者が行っていた具体的な練習法を次頁に紹介しますので、ぜひ試してみてください。

選手の気持ち

多少きついことや嫌なことがあったとしても、練習に行きたくないと思ったことはない。それは、やはりチームの雰囲気が良いからだと感じている。

即 さあ、すぐに実行！

「1分間踊りまくりゲーム」で“楽しむ”ことを競い合う

⑴学年ごとに、その特徴をとらえたキーワードを決めます。そして、他の学年の選手と指導者がその学年について良い点、悪い点を指摘し、アドバイスをします。たとえば、ある学年のキーワードが〝楽観主義〟だとしたら、『良い点：前向きで後に引きずらない。悪い点：何も考えていないように思える。アドバイス：意思表示をしよう』という具合です。

こうすることで、自分たちの学年の客観的な評価を知ることができ、また、改善点と伸ばせる点について意識づけをすることができます。

⑵選手同士で4、5人のグループをつくり、指導者も混ざります。1人は判定者です。1分間音楽（指導者が選曲）を流して全員が踊り、判定者が一番元気良く踊れていた人を選びます。その人は1抜けとなります。次は抜けた人と判定者が交代して同じように全員が踊り、交代した判定者（1抜けの人）が2抜けの人を選びます。

このようにして、最後まで残った人が負けとなります。ポイントはゲームを楽しんでいるかどうかです。

[Lesson]
12

自分の伝えたいことばかりを前面に出しても真意は伝わらない

ポイント
自分の言いたいことを確実に伝えるには"選手目線""理解できる言葉"など、いくつかの条件がある

適切な例え話を用いないとかえって混乱を招く

みなさんは、選手たちに対して自分の〝言いたいこと〟が正確に伝わり、彼らがそれを自分の思うとおりに理解してくれているとお考えでしょうか。自分が伝えたいことで頭がいっぱいで、つい一方的に話してしまい、相手には言いたいことの半分も伝わっていないということはないでしょうか。

指導者は、自分の言いたいことをどう伝えたら相手の理解が深まるかを考えなければなりません。感じたことをそのまま口にしたり、主語が抜けてしまって説明不足になったり、何とか理解してくれるだろうという甘えがあったのでは、自分の思いはなかなか選手に通じません。

よく見られるのは、例え話を用いて理解を深めようとしているのに、具体的にイメージしづらい例をあげてしまったがために、かえって選手を混乱させてしまう場面です。

あるとき、バスケットボール部の監督が技術を選手たちに伝えようとしたところ、つい気持ちが高ぶってしまい自分が学生時代にやっていたソフトボールの例えを出して話をしました。ところが、なかにはソフトボールのルールを知らない選手もいて、かえって混乱してしまったのです。そのときの選手の表情は、まさしく「?」という感じでした。

あとで補足をして理解してもらったので問題はなかったのですが、これは

選手の気持ち

いまの監督は熱血漢で嫌いではないけれど、思いついたことをそのまま話すので、何をいいたいのかわからないことがある。

真意を正確に伝えるには“守るべきこと”がある

指導者の伝えたいことばかりが前面に出てしまい、選手には肝心なことが何も伝わらなかった典型的な例です。

みなさんも学生時代に経験した、朝礼での校長先生の話を思い出してください。校長先生の話といえば、少し退屈になるというのが相場ですが（もちろん、なかにはとても話の上手な人もいます）、それはなぜかというと、話が堅苦しく、生徒の興味を引く内容ではないからです。生徒がおもしろいと感じられるようなことではなく、自分が言いたいことのみを伝えていると感じられるため、聞いている側にはなかなか真意が伝わらないのです。

このことからもわかるように、指導者が選手に自分の意図することを正確に伝えるためには、相手の目線、すなわち〝選手目線〟に立って、選手に理解できる言葉で伝えることが重要です。つまり、指導者が〝指導者目線〟のままでいたのでは、伝わりにくいのです（【レッスン1】参照）。このことをいま一度肝に銘じてください。

最後に、私が会得した、相手に自分の思いを伝えるための方法をまとめておきます。①一番伝えたい言葉に気持ちを込める、②相手が理解するまでわかりやすい言葉で丁寧に伝える、③話の最後に再度本音を言う。それでも不安なら、④相手に話の内容を要約させてみる、といいでしょう。

即 さあ、すぐに実行！

四字熟語やことわざを利用して自分の言いたいことを伝える

(1)四字熟語やことわざを用いて選手に伝えたいことを表現します。こうすると、インパクトを与えて記憶に残りやすくなります。

　話が長くなると、何が大事なのかつかみにくくなるので、まずは印象に残る四字熟語かことわざでそれを表し、細かい部分を補足するようにします。四字熟語やことわざにはスポーツで使えるものがたくさんあるので、ぜひ調べてみてください。

(2)5～8人で1グループとし、1人10秒～15秒のもち時間でお題（指導者が出題）の絵を画用紙に描いていきます。たとえば、『海辺』だとしたら、1人目が波、2人目が太陽、3人目が砂浜、4人目がヨットというように海辺の風景を描いていくのです。

　回答者（残りの選手たち）は描かれていく絵を見て、何が描かれているかがわかったら手をあげて答えを言います（答が合うまでつづける）。ポイントは、お題を描くとき、いかにその要点をつかんで（伝えたいことを）表現できるかです。

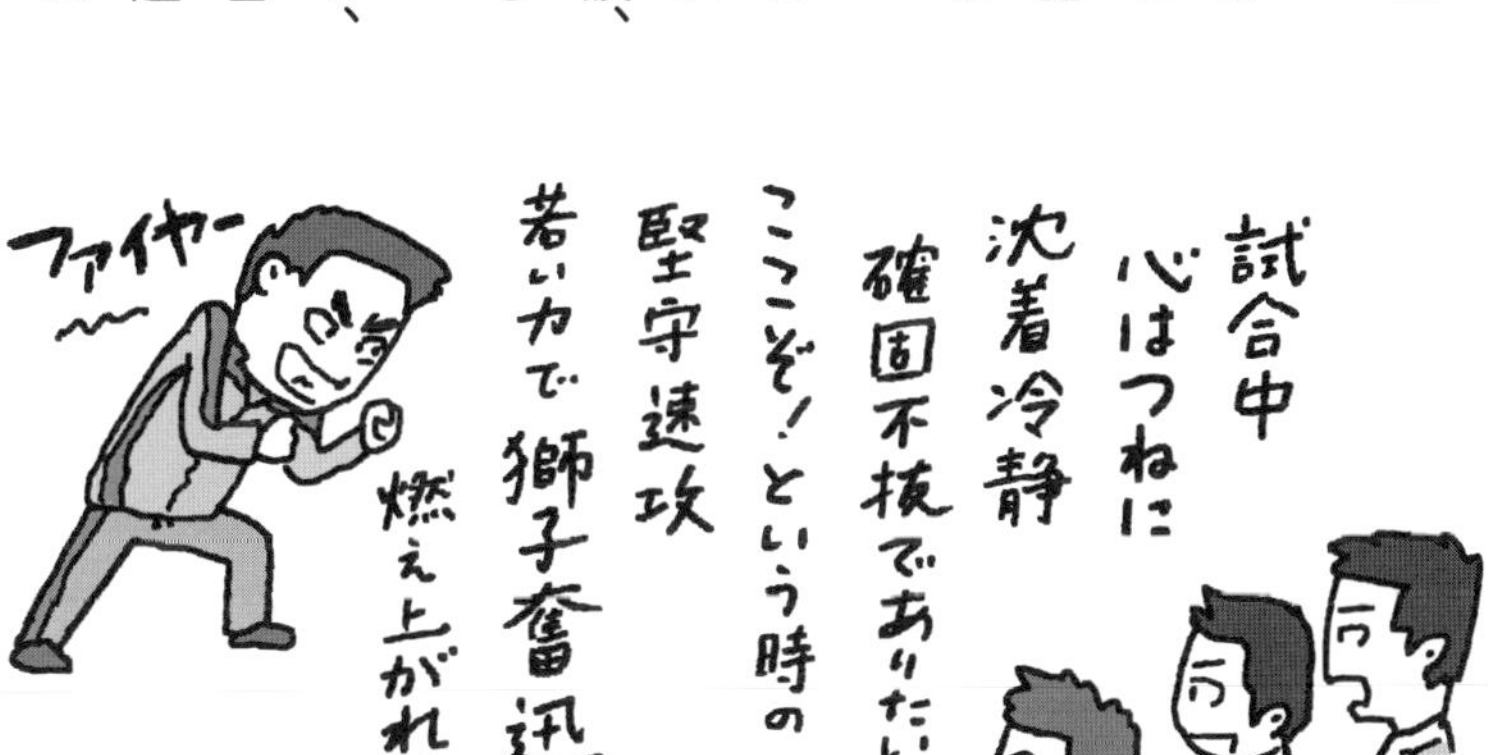
試合中
心はつねに
沈着冷静
確固不抜でありたいが
ここぞ！という時の
堅守速攻
若い力で
獅子奮迅
燃え上がれ！
ファイヤー

[Lesson]
13

自分が経験した練習内容、苦しさをいまの選手に求めないほうがいい

ポイント
自分の経験したことが、いまの選手にどう役立てられるかを考えないと本当の力にはならない

指導者の“経験談”が煙たがられる理由はどこにあるのか？

ある指導者が、競技会のあと選手にこんなことを話していました。

「お前たちにはやる気が足りないんだよ！　俺たちの時代の練習量はお前たちの2倍、3倍、死ぬほどやったんだ！　勝たなきゃ先輩の顔に泥を塗るようなものだから絶対に負けられなかった。勝つしかなかったんだ。それに比べてお前たちは……、これじゃ勝てるわけがない」。

私は近くで見ていましたが、選手たちは何も言えませんでした。しかし、勝ちたい気持ちが強くあることはたしかでした。負けていいなんて思っている選手は1人もいませんでした。

どんな競技であっても、運動系のクラブに入っていれば1度は指導者から似たようなことを言われた経験があるでしょう。「俺たちの頃は◯◯だったんだ。それに比べて……」と。

私もそれに近いことを言われた経験があります。精一杯やっているけれど、指導者は昔の自分たちと比較して一定方向からの目線でしか見てくれない。そうなると、〝また昔話が始まったよ〟〝過去の栄光か〟というとらえ方をする選手も出てきます。

また、一部には〝やる気がないと思われていることがとにかく悔しい〟と、本来なら自分のために頑張らなくてはいけないのに、悔しいから見返したい

選手の気持ち

自分の現役時代の話をする指導者は多いけれど、昔といまは違うんだから、当時と同じことを求められても困る。自分たち（選手）がいまの時代を選んだわけじゃないし……。

“指導者目線”ではなく“選手目線”の姿勢を心がける

という間違った受け止め方をしている選手もいました。反骨心が自分に向かわず、人に向かってしまったのです。

選手の気持ちを代弁するようなことを述べましたが、指導者が言っていること自体を否定するものではありません。指導者は選手の先を見越して、期待を込めて「もう少しレベルアップしないと強くなれないぞ」と言っているのですが、その真意が選手に正しく伝わっていないことが問題なのです。これはとても残念なことです。指導者の話す内容が選手たちに伝わって、モチベーションアップやレベルアップにつながらなければ意味がありません。

現在スポーツ系のクラブで指導を受けているのは、いわゆるゆとり世代、あるいはさとり世代と呼ばれる人たちですが、指導をする側も、選手と同じ世代をはじめ、氷河期世代、バブル世代、しらけ世代など、年齢は多岐にわたっています（世代の分け方にはいろいろな説があります）。これだけ世代が違えば、競技の技術内容や練習方法などが変わるのは当然です。

私はいまの選手を指導するのに必要なのは、〝指導者目線ではなく選手目線である〟と考えています（【レッスン1】参照）。指導者が過去に経験したことをうまく織り交ぜながら、あくまでも〝いまに焦点を当てて話をしたり指導をする〟のが効果的だと思います。

即 さあ、すぐに実行!

定期的に体力測定を行って選手の限界値を伸ばしていく

指導者が自分の経験を引き合いに出すのは〝もっとレベルアップしてほしい〟という気持ちの現われであることが多いので、そのための実践法を紹介します。

⑴各個人が基礎体力について認識してレベルアップにつなげるため、部内で体力測定をします。

学校内で実施される体力測定と似ていて、競技に必要な測定内容にします。競技によって種目は異なりますが、たとえば50メートル走、ジャンプ力などを計り、順位をつけます。1か月後同様の測定をして、数値や順位がどの程度上がったかを確認し、限界値を伸ばしていくようにします。

⑵各人が毎日必ず行うこと(たとえば腹筋50回など)を宣言し、それを継続することで自信をつけます。

指導者は、練習中に体つきの変化などをチェックし、機会を見て1人ひとりに声をかけるようにします。いまは自信過剰な選手、自信喪失しやすいタイプの選手が多いので、声かけの内容によって自信がつけられるように導いていきます。

[Lesson]
14

“連帯責任”は、選手やチームにとって逆効果であることが多い

ポイント

チームスポーツでよく用いられる“連帯責任”は、
正しく使わないと思わぬ結果を招くことがある

理不尽な連帯責任は、選手の心に不満や怒りとなって蓄積する

いつも練習に遅れてくる選手（A君）がいました。その理由は「友達と話していたら時間を過ぎてしまった」など、とても正当とはいえないものだったため、指導者は最後通告のつもりで「練習の時間は決まっているのだから、ちゃんと意識をもって間に合うように来い」と強く注意をしました。

それでもA君は遅れてくるので、指導者は選手を集めて、「何度注意しても遅れてくるから、連帯責任としてランニング3週追加」と宣言しました。A君は申し訳なさそうにしているものの、遅れグセは直らず、加えて他にも遅れてくる選手が現われたため、そのたびに〝連帯責任〟は増していきました。

この状況に耐えかねて、あるとき、数人の選手が「自分たちはいつも早く来ているのに、なぜ遅れてきた選手の分まで責任をとらなくてはいけないのか」と不満を訴えました。これに対して指導者は、「チームスポーツだから、連帯責任は当たり前だ。それが嫌だったら、遅れる者がないようにしろ」と一蹴しました。

これで終わっていれば、よくあることで済んだのかもしれませんが、この話には先があります。まじめに練習に来ていた選手の1人が〝連帯責任〟を苦痛に感じるようになり、そのために練習を休みがちになったのです。そして、その選手は結局指導者とうまくいかなくなり、退部することになってし

選手の気持ち

何でもかんでも〝連帯責任〟と言われても、納得できるものではない。どうして全員の責任になるのか、自分たちが理解できるように説明してほしい。

連帯責任が元になって、チームの雰囲気が悪くなることもある

まいました。

このケースについては、いろいろな見方ができると思いますが、私は指導者側に問題があったと考えています。指導者は、チームスポーツなのだから、みんなで責任をとることで遅刻がいかに迷惑であるかを感じてほしいと考えたのでしょう。しかし、このやり方では遅刻を繰り返すという極めてレベルの低い選手のことが中心になっていて、そのためにチーム全員に負荷がかけられています。

チームの多くの選手がこのレベルで、その底上げを図るというのならば効果があるのかもしれませんが、実際はほとんどの選手がまじめに練習に参加しており、選手側からすると「遅れてきた選手だけ余分に走ればいいのになぜ?」と感じるのが当然です。この不満は遅れて来る選手への怒りとなり、やがてチームの雰囲気を悪くします。つまり、〈連帯責任〉→〈不満〉→〈怒り〉→〈仲間割れ〉→〈チームの雰囲気悪化〉という負のスパイラルができあがってしまうのです。

もちろん、連帯責任のすべてがダメということではなく、状況や内容によるのですが、私の経験では、この手法を使わないほうが選手のモチベーションをムダに下げずに済むように思います。

即 さあ、すぐに実行!

各自の短所を長所に変えるコツを話し合い、協調性を高める

連帯責任を課す場合は、モチベーションを下げないようにするため、問題の選手以外の全員に対して〝なぜそれが必要なのか〟正当な理由を説明する必要があります。それができないときは、当事者のみにペナルティを課すのがオーソドックスな方法といえます。視点を変えて次のような方法も試してみましょう。

⑴当事者を、あえて再発防止のためのリーダーに指名します。チーム内で同様の問題（【レッスン14】では遅刻すること）があった場合、このリーダーを中心にして対策を講じていきます。目的は、選手自身に管理させて自覚をもたせる、役割を与えることで責任感をもたせることにあります。

⑵ミーティングなどで集まった際、各自に自分の人間的な短所、長所とプレーにおける短所、長所を書かせます。それを1人ずつ発表していって、発表した選手の短所を、聞いてる選手の長所に当たると考えられる場合は、その選手が長所に変えるコツを話します。こうしてお互いの欠点を補い合って協調性を高めていきます。

[Lesson]
15

選手が考えている“先”ではなく、“先の先”まで読むことを意識する

ポイント
選手1人ひとりの考え方のクセを把握し、“準備を含めた予測”で対処する

“先回りの予測”をするには接客サービスが参考になる

先の先……？　すぐ先までは読めても、先の先となると言われている意味がよくわからないと思われるかもしれません。これは、選手に対して〝先回りの予測をする〟ということを意味しています。

これから選手が起こすであろう行動を指導者が予測し、それに対してあらかじめ準備をする。もちろん、いまから起こることは当事者にしかわからないので、予測はあくまでも予測にすぎませんが、コトが起きたら考えるというのではなく、ある程度の想定をしながら選手を指導するということです。

〝先回りの予測〟は、接客サービスという面から考えるとわかりやすいでしょう。指導者がスポーツショップの店員、選手をお客さんとします。お客さんが店に入ってきて商品を見始めました。このとき、店員はお客さんの行動を細かく観察して、目的があって来店したのか、何気なく入店したのか、購入する気はあるのか、まったくその気はないのか……などを予測します。

また、お客さんが商品を手に取ったら、何かを探しているのか、あるいは何かが気になっているのか、それは値段なのか、色なのか、サイズなのかを予測し、そこからお客さんが何を望むのかを推測します。そしてお客さんよりも先回りして求められる答えを用意し、その反応を待つのです。

具体的には、色違いがあるかを聞かれたら、用意した商品を差し出す、M

ふだんから選手のことを観察して思考回路をつかんでおく

サイズを試着していたら前後のサイズをもっていく、迷っているようなら少しだけ形の違うものを試してもらう……。これらの準備をして待つのです。

予測が的確であれば、お客さんとの息が合い、買うつもりがなかったのに購入してくれることもあるでしょうし、予測や準備が悪ければその逆のケースもありえます。

店員とお客さんという初対面の場合でさえ、このような予測、準備、行動がなされているのですから、多くの時間を共有している指導者と選手の間であれば、より相互理解がしやすいのではないかと思います。

しかし、時間を共有していてもなかなか理解しがたいことが多い、やはり最近の選手のことはわからないという指導者も多いので、私なりの〝先回りの予測〟のコツをお教えします。

それは、選手個々について、ふだんから何に興味をもっているのか、何を望んでいるのか、どのような理由から現在の行動に至るのかなどに留意して観察し、選手の思考回路を把握しておくということです。そして、目や耳から得られる細かい情報をもとにして行動を予測するのです。

みなさんも〝先回りの予測〟ということを意識して、選手の行動の先の先まで読む習慣を身に付けてください。

選手の気持ち

指導者のことに興味がないといえばウソになるけれど、存在として近すぎて知りたくもないと思うこともある。その一方で、指導者は忙しいから、自分のことをよく見てくれないというあきらめに似た気持ちもある（本当は見ていてほしい？）。

即 さあ、すぐに実行!

"選手の反応"+"行動パターン"を5つ予想し、傾向を把握する

指導者は、選手と話をしたとき、それに対する反応を5つ予想します。そして、その後に選手が起こすであろう行動パターンを5つ予想します。これらから選手の傾向を把握するようにします（より多くの可能性を考える必要があるため最低5パターンは必要）。

《例》選手にアドバイスをする場合

●選手の反応（5パターン）

①納得して「はい」と言う
②「はい」と言っているが納得していない
③（何も考えずに）反射的に「はい」と言う
④反論する（拒否する）
⑤無視する

●選手の行動パターン（5パターン）

①（理解して）取り組む
②理解していないが取り組む（間違った取り組み方）
③嫌々ながら取り組む
④取り組むが長つづきしない（三日坊主）
⑤取り組まない

《行動パターン》

[Lesson]
16

「辞めたい」と言い出す前の選手の“サイン”に気づきその真の意味を読み取る

ポイント
練習熱心な選手が休みがちになったら“何かある”と考えたほうがいい

“選手から出ているサインを見逃さない”と強く意識する

随分前の話ですが、いまでも記憶に鮮明に残っている1人の選手がいます。その選手（Aさん）は、バスケットボール部のエースとして活躍していました。しかし、これからが一番大事という高校3年の春に突然退部したのでした。

指導者は当然引き留めました。「なぜ、辞めてしまうのか」「才能があるのにもったいない」「もう少しだけ頑張ってみよう」と時間をかけて説得しました。しかし、すでにAさんの心は決まっていて考え直すことはありませんでした。

Aさんは、「決してバスケットが嫌いになったわけではない。エースとしての自覚があったから、最後までやり抜きたかった」と言っていました。では、なぜ、執拗な説得にも動じないほど強く辞める決心をしていたのでしょうか。

じつはAさんは、競技についての悩みではなく、部内での人間関係に悩んでいたのです。同級生1人と些細なことからケンカをして、その後他の選手からも無視されたり、練習のときボールを回さない、シュートを打たせてもらえないなどの嫌がらせを受けていたのです。

Aさんはバスケットボールが好きだから、それらの行為を気にしないように努めていました。しかし、あるときケンカをした相手が上級生に「Aが先輩の悪口を言っている」と嘘を言い、それを聞いた先輩が怒ってAさんを叩くという事件が起こりました。わけもわからず叩かれたことにショックを受

人間関係の悩みを抱えている選手は意外に多いという認識をもつ

けて、それ以降クラブ活動に集中することができなくなってしまいました。

後日Aさんは、「もし退部届を提出したとき、監督が、仲間同士で何かあったのか？　嫌なことでもあったのか？　と一言でも問いかけてくれていたら、辞めなかったと思う」とハッキリ言っていました。また、「嫌がらせをされていたことは、どうしても自分からは言い出せなかった。自分を信じ、寄り添ってくれるような優しい言葉もかけてもらえなかった」とも言っていました。

今回のケースは、同級生から嫌がらせをされていたということも重大ですが、何より指導者が実際に起きていた事実に気づけなかったこと、話し合いのときの視点がクラブ活動の内容だけに偏《かたよ》ってしまい、人間関係にまで及ばなかったことが非常に問題なのです。

Aさんは辞めると決断するまで、監督に何とか気づいてほしくてわざと練習を休んだりしていました。指導者のなかには〝やる気がない奴は来なくていい〟〝気持ちが甘い〟と判断する人もいるかもしれませんが、毎日練習に出ていた選手が休みがちになるのにはそれなりの理由があり、意思表示の1つの形であると考えたほうがいいでしょう。

私の印象では、とくに学生の場合、辞めたい理由が部内の人間関係にあるというケースはかなり多いように思います。

選手の気持ち

一大決心をして練習を休むこともある。そのときは、できれば指導者に理由を探ってほしいし、少なくとも〝何かある〟ということに気づいてほしい。

即 さあ、すぐに実行！

「辞めたい」と言い出す前に指導者ができること、気づけること

(1)選手が休んだら、練習に来たときには何気ない会話を心がけ、休んだ理由を的確に把握します。理由を聞く前に頭ごなしに叱ったり、不機嫌な対応をするのは避けましょう。

(2)休んだ選手のマンツーマン集中練習を行います。選手は自分を見てほしいと感じています。(1)を踏まえ、短時間でいいのでシュート練習を見てアドバイスをしたり、身体の動きなどについて伝えてあげます。

(3)辞めたいと言ってきたらその場で結論を出さず、数日間は保留にします。選手に再考させたり、気持ちを落ち着かせるために、できれば退部届は受け取らないほうがいいでしょう。話し合いをするときは、競技と人間関係の両面から聞き取りをします。技術的なことをほめて引き留めるより、チームにとって必要な存在であるという点について話すことがポイントです。

人間関係の問題解決は、最終的には選手間でしかできないかもしれませんが、お互いを向き合わせることも指導者の役割として必要だと思います。

[Lesson]
17

悩みについて話しながら指導者に探りを入れていることがあるので注意する

ポイント 選手の悩み相談には、真剣な場合と、探りを入れて情報を得ようとしている場合がある

相談に対する指導者の様子からいろいろな情報を得ようとする

選手が自分の悩みについて相談に来ることがありますが、このとき2つのケースが考えられます。どうしたらいいのか本当にわからずに悩んでいる場合と、指導者に探りを入れている場合です。

〝探りを入れる〟とはあまり良い言葉ではありませんが、ある悩みについて指導者に相談したとき、

①自分と一緒になって真剣に考え、問題を解決しようとしてくれるのか
②具体的な対策を教えてくれるのか
③「そんな悩みは……」と、軽くあしらわれるのか
④問題にしようとしないのか

など、どのような反応を示すのかを見て、指導者の基本的な姿勢や考え方を判断するということです。

選手は個人的な悩みを打ち明けるので、一見指導者にスキを見せているように映りますが、実際にはどのような態度でどんなアドバイスをしてくれるのか、指導者の様子をうかがっているわけです。

この場合、相談の内容自体は選手にとって大した問題でないこともあります。たとえば、〝自分は練習のときにはそうでもないのに、試合になると必要以上にプレッシャーを感じて緊張し、ミスを連発してしまう〟という悩み

相談の真剣さ加減は、悩んでいる期間が1つの判断材料になる

があった場合、〝緊張してしまう〟ということはその選手にとってそれほど深刻ではなく、自分の悩みに対する指導者の対応が重要なのです。

また多くの場合、指導者との会話が終わってから、その様子について自分の仲間に〝報告〟をします（人には言わない選手もいます）。選手たちはそれを元に、指導者の基本姿勢や考え方をつかみ、そのほかにも何をしたら怒るのか、どうしたら機嫌が良くなるのかなど、指導者の思考回路や性格に関する情報を共有するのです。

その理由は、指導者のことを理解して自分を優位にもっていきたい（指導者に気に入られる、試合で使ってもらうなど）と思うからですが、こうなると選手と指導者の心理戦といえます。

選手が真剣に悩んで相談にきたのか、探りを入れているのかを判断するのはなかなか難しいものです。ふだんから選手のことを注意深く観察して、表情と心の関係、クセ、性格などを把握している必要があります。

ここまで選手が指導者に探りを入れることについて述べてきましたが、悩みが真剣なものである場合は、選手目線に立って丁寧に話を聞き、対話を重ねながら、その選手に合ったやり方で少しずつでも前に進めるように導いていきましょう。

選手の気持ち

指導者に探りを入れるのは、自分の立場を良くするためということもあるけれど、仲間と情報を共有するのが楽しいという側面もある。

即 さあ、すぐに実行！

相談の真意を判断するポイントと絶対に口に出してはいけない禁句

⑴いつから悩んでいるのかを聞くことで、悩みの深さを判断することができます。悩んでいる期間が短い場合は、指導者に探りを入れている可能性があり、逆に2週間～1か月も悩んでいるとしたら、真剣に悩んでいると判断できます。

⑵悩みに対する選手自身の考え方や意見、これまでの対処法について聞きます。指導者に探りを入れている場合、この質問にすぐに答えることはできないので判断基準になりますし、真剣に悩んでいる場合も、選手の現在の〝立ち位置〟を知ることができます。

⑶選手の悩みに対して「そんな小さなことで……」と言うのは禁句です。指導者が選手の悩みを小さいと思っても構いませんが、言葉に出すのは厳禁です。もし選手にとって深刻な悩みだったとしたら、それ以後、選手が指導者に心を開かない可能性があります。

そうならないためにも、〝自分もそういう時期があったな〟と選手目線に立って同意する姿勢をもつようにしてください。

[Lesson] 18

感情的になったら あえて一呼吸おいて 気持ちを元の状態に戻す

ポイント

カッとしたときの発言を、そのまま相手に受け止められないように、間（ま）をとって冷静になる

指導者が“気分屋”だと、選手はご機嫌ばかり気にするようになる

いわゆる〝気分屋〟の指導者がいました。自分の思いどおりにならないとイライラして周りに当たり散らしたり、物に当たったりします。

選手は、指導者のご機嫌を見計らってタイミングよく話をしないと、よけいなとばっちりを受けることになるため、クラブ活動に意識を集中するというよりは、指導者のご機嫌を損なわないようにクラブ活動をしていました。

あるとき、練習中にこの指導者が「お前らやる気がないなら帰れ」と言い出しました。選手は練習したいので帰る人は誰もいませんし、やる気もあります。その様子を見て今度は、1人の選手に目を留めて「お前は集合がかかってるのにダラダラ走ってきて、やる気ないんだろ？ 帰れ」と言いました。すると、その選手は「いえ、あります」と言ったものの、結果的に本当に帰ってしまったのです。

私はその場にいなかったので、後日その選手に会ったときになぜ帰ったのか聞くと「監督に帰れと言われたので帰りました」という素っ気ない答えです。そして「次の日、謝りに行って練習に参加しました」と付け加えました。

私も学生時代、監督から「帰れ、もう来るな。お前が帰らないのなら俺が帰る」とまで言われたことがあります。しかし私は翌日の練習にどんな顔をして行けばいいのかわからないため、帰ることはしませんでした。

選手の気持ち

あまりにもすごい剣幕で恐いし、指導者の言うことに従っておいたほうがいいと思うこともある。本当は「帰るな」と思っているのだったら、「帰れ」と言わないでほしい。

いまの選手は、指導者の言葉をそのまま受け止める傾向が強い

さて、ここからが本題です。このような指導者の例は極端かもしれませんが、誰にでも感情の起伏はあるものです。みなさんも何となくイライラして、つい「やる気がないなら帰れ」と言ってしまうこともあるでしょう。

その場合、ほとんどの指導者はそれで帰る選手はいないと考えています。しかしいまの選手たちは、へんなところで素直なので〝指導者の指示は絶対〟という意識が強くあり、その言葉をストレートに受け止めてしまうのです。そのため、言葉の裏に隠された〝帰れと言ったが帰る必要はない。今日俺の言ったことの意味を考えろということだ〟という本音を汲み取ることができないのです。

感情が先行しすぎると、冷静な指導ができなくなってしまいますし、効率も下がります。また、選手が困惑してしまいます。そこで、カッとしたときには言葉を発する前に一呼吸おいて、少し冷静さを取り戻す必要があります。つまり、あえて間をとって指導をするということです。

つい感情的になって言いすぎてしまうということは、一般的な人間関係や上下関係のなかでもよくあることです。いま述べたように、相手によっては真意が伝わらないことがあり、そういうケースが増えているということを認識しておいてください。

即 さあ、すぐに実行！

練習の様子をビデオに撮って 自分の指導のしかたをチェックする

⑴指導者が感情的になったら、「ありがとう」と言うようにします。

指導者は、選手に対して素直に「間違っていた」と言える人間であってほしいものですが、難しい場合もあります。そんなときは選手に対して「ありがとう」と10回くらい言うようにします。１つの特別なコミュニケーション法として取り組んでみてください。

⑵練習風景、指導風景をビデオ撮影します。これは、指導者が自分を客観的に見るための方法です。

冷静な状態で練習を振り返ることで、感情的になっていなかったかをチェックすることができますし、選手の動きを客観的に見返すことができます。

⑶選手が感情的になったら、あえて笑顔をつくらせるようにします。感情的になると表情がこわばり、唇もへの字になりがちです。そんなときはあえて笑顔（＝歯を見せて笑うイメージ）をつくらせます。10回程度繰り返しますが、一瞬だけ笑顔をつくっても感情が切り替わらないことがあるので、10秒キープします。

［Lesson］
19

声かけをはじめ、指導者が積極的に“動く”ことで選手を良い状態に導く

ポイント
指導者の精神状態は選手に伝染しやすいということを踏まえて、ポジティブになれる方策を練る

試合のときの指導者のメンタルはダイレクトに選手に影響する

ある強豪のサッカーチームでは、試合の前日から、選手それぞれが自分自身を追い込み、ピリピリとした緊張感があふれていました。〝勝ちたい。勝たなくてはならない！〟という思いが異常なほど強く伝わってきました。

当日になると、自分の世界に入り込んで、〝話しかけてくるな〟というオーラを出している選手が多くなり、チーム内で会話をする姿もあまり見られなくなりました。

この雰囲気は、〝勝てるチーム〟が備えている、集中力が高まったゆえの緊張感とは違い、何か異様で、勝利からは遠のいていると感じさせるものでした。

じつは、このようなチームの雰囲気には、指導者のメンタルが大きく影響していました。というのも、指導者（監督）がかなり神経質で、試合が近づくとそのことで頭がいっぱいになり、声をかけるのが難しい状態になってしまうのです。

この指導者は長年監督を務めており、それなりの実績も上げていましたが、この神経質さ加減は変わることがありませんでした。指導者がこういう状況にあると、それはストレートに選手に伝染します。指導者の緊張感を自分のことのように感じるため自然に言葉数が少なくなり、身体も硬くなって重苦しい雰囲気がチーム全体に浸透していくのです。

選手が実力を発揮できないのは環境をつくれない指導者の責任

結局、このチームは、1回戦敗退という結果に終わりました。本来であれば、3回戦、4回戦と勝ち進んでいけるチームであり、周りからも期待されていましたが、残念ながらそうはなりませんでした。

その要因が、（相手チームのことは別として）指導者の気持ちのもち方、チームの雰囲気のつくり方、選手の力の引き出し方にあったことは明らかです。勝てる試合に勝てないということは、選手が力を出し切れる環境をつくれなかったという問題に行き着くのです。

指導者の精神状態をダイレクトに受けてしまうというのは、いまの選手の特徴といえるかもしれません。とくに女子選手の場合はこの傾向が強いといえます。だからこそ、指導者は動揺することなく、選手たちをできる限り精神的に良い状態で試合に臨ませる必要があるのです。

そのための方法として意外に見落としがちなのが〝声かけ〟です。選手は、試合直前に指導者からポジティブなことを言ってもらうと〝いまよりももっと自分を高めることができる〟と思えるものです。それは、日頃自分たちを見てくれている理解者（だと思っている人）からの言葉だからです。

みなさんも、選手の緊張をほぐすためにさまざまな知恵を絞り、声かけをはじめとして積極的に〝動く〟ようにしてください。

選手の気持ち

指導者の状態がどうであれ、自分たちさえしっかりプレーすればいいのだと思う反面、ネガティブな影響を受けていると感じることが多い。

即 さあ、すぐに実行！

指導者を含めたチーム全員でおもしろい話をして緊張をほぐす

緊張は周りの人たちに伝わり、伝染していきます。〝緊張するな〟というのはムリな話ですが、できる限り緊張をほぐす必要があります。その最良の方法は、笑顔をつくることです。

試合前に集合したとき、指導者も混ざって全員で1人1つずつ〝おもしろい話〟をしていきます。短くても、拙《つたな》くてもいいので、みんなが笑える（なごめる）ような話をして、気持ちに余裕をつくることが重要です（1度も笑わない選手がいたら、まったく余裕がないということなので要注意）。

極度の緊張状態から解放するためには、特定の人が笑わせるというのではなく、全員で行うことが大切です。それによってチームの雰囲気に変化が生じます。指導者が参加することで、選手の気持ちは一層やわらぐでしょう。

指導者が選手の気持ちを汲み取り、寄り添い、進んで動くことによってチームを良い状況に導くことができるのです。

[Lesson]
20

選手の弱音にはいくつかのパターンがあるので見極めたうえで対処する

ポイント
弱音を吐くのは、指導者に励ましてほしい場合と、悩んでいてアドバイスがほしい場合がある

弱音を吐くのは、背中を押してほしいだけというケースも多い

試合の前日、キャプテンに連絡事項があったため指導者が電話をかけました。用件を伝えた後、何だか元気がなさそうだと感じた指導者は、「どうかしたのか？」と問いかけました。するとキャプテンは「明日の試合、自分がミスして負けるんじゃないかととても不安です」と答えました。

指導者ははじめのうち、「そんな小さなことを言ってるんじゃない。キャプテンなんだから頼むよ」と言って話をしていましたが、相手の発言にだんだん腹が立ってきたのか、最後には「試合前日になってできそうにないとか言うんじゃない」と怒鳴り声をあげたのです。

これと似たような話はよく指導者から聞きますが、なかには選手に向かって「そんな弱音を吐くなら、試合に出なくてもいい」と言うこともあるそうです。しかし、選手は試合に出たくない、不安だから別の選手を出してほしいと思っているわけではありません。

〝もしかしたら大きなミスをしてしまうのではないか〟〝それが原因で負けたらどうしよう〟など、考えてもしかたのない不安を払拭させるために、指導者から前向きな言葉がほしいだけなのです。

冒頭のキャプテンに話を聞いてみると、やはり「自分は『不安かもしれないがお前ならできる』という背中を押してくれる言葉がほしかっただけなん

選手の気持ち

指導者への甘えから、つい弱音を吐いてしまうこともあるけれど、ポジティブな言葉をかけてもらうだけで落ち着くのはたしかだ。

選手がなぜ弱音を吐いているのか その心理を読み取ることが必要

です」という答えでした。

指導者がなぜ先のような発言をしたかといえば、自分だったらこう言われたら（カツを入れてくれれば）頑張れる、あるいは自分の現役時代はそう言われてきた、という理由からでしょう。しかし、選手の求めていたのはそういうことではなかったわけですから、結果として気持ちを読み取る力が欠けていたことになります。

私の経験では、選手が弱音を吐く場合、次の6つのパターンが考えられます。

①本当に困っていて解決策が見つからない

②ただ背中を押してほしい。優しい言葉をかけてくれれば頑張れる

③カツを入れてくれれば頑張れる（指導者世代はこのパターンが多い）

④自分自身で問題を解決しようとしてもがいている

⑤本人は壁を越えたと思ったが、じつは越えていなかった。あるいは、越えたはいいが、その方法が間違っていたと思い込んでいる

⑥周りには卑下しているように見せて、本音を言わない（女子選手に多い）

指導者は、選手の弱音がこのうちのどれかを判断して対応するようにしてください。選手1人ひとりへのアドバイス方法は当然異なってきますが、①、④、⑤のケース（場合によっては②も）は次頁を参考にしてください。

即 さあ、すぐに実行！

思い込みを取り除いて弱音の原因を一緒に解消していく

選手が不調と感じている場合や、指導者に弱音を吐いてきた場合、「たしかに不調だな」と同意したり、マイナス発言（不振、スランプなど、〝負〟を連想させる言葉を用いること）するのは危険です。

選手が指導者の言葉に影響されて、〝やはり自分は不調なんだ〟と思い込み、さらに深みにはまる可能性があるからです。

指導者の役割は、この思い込みを払拭させ、物事のとらえ方を広げてあげることです。「苦しいのは、いまの自分よりステップアップするためだ。苦しさから逃げなければ越えられる、あともう少しだ」と、前向きで優しい言葉をかけてあげましょう。

弱音の原因が技術面である場合は、選手のフォームや動きを見て、原因を解明します。話を聞いてあげて、一緒に解決していくという姿勢をくずさないようにします。アドバイスしっぱなしや、言うだけで終わりにすることなく、経過を見守ることで選手の弱音の原因を解消させることができます。

やっぱりもっと
下半身を鍛えよう
少し走り込みを
取り入れるか

〈 COLUMN 〉❸

選手には、“自分のために競技を楽しむ”と認識させる

選手が競技をつづける理由には、“その競技を好きだから”“応援してくれる人を喜ばせたい”“ある人のために頑張りたい”などがあります。

これらは、自分のモチベーションを上げる、あるいは維持するための1つのエネルギーとなっていますが、苦しくなったりつらくなったりすると、“なんで自分はこの競技をやっているのだろう”“自分は人のために競技をしているわけではない”などの感情が交錯して、競技をしているのが自分のためなのか、人のためなのかわからなくなることがあります。

そして、いままで自分のためにやってきたにもかかわらず、他人に責任転嫁したり逃げる心理が働いたりして、競技をつづける目的を見失ってしまうのです。

このような場合は、選手に対して“人を喜ばせることが第一義ではなく、あくまでも自分のためにやっている”ということを改めて伝えてあげましょう。自分の意志によって競技をしているのであって、責任転嫁しても、逃げても、結局やるのは自分なのだと再認識させる必要があるのです。

技術的に行き詰まったときの苦しさやつらさは、基本に立ち返ることや自分のやってきた練習を見直すことによって乗り越えるのが可能ですが、メンタルに関しては日々変化していくため、そう簡単にはいきません。そこで、精神的に苦しくなったとき、自分を見失いそうになったときは、“原点に戻れる方法”を選手自身に考えさせておくことが必要です。

そのためには、自分のなかでキーワードとなる言葉を決めておくのがいいでしょう。たとえば、『輝く』『憧れ』『唯一無二』など、一言でいえる言葉を自分の原点として設定しておくのです。そして、ふだんから“この言葉を思い起こしたときには自分をリセットすることができる”という回路を意識してつくっておくようにします。

第4章

選手の実力を高め、自立を促す指導法

[Lesson]
21

あきらめグセを直すために、まずは壁を乗り越える経験をさせる

ポイント
“真正面から壁に向き合った”という経験が自信につながり、良い結果に結びつく

苦手なことから逃げる姿勢があきらめグセを助長する

試合後ある指導者が、選手たちを集めてこんなことを言いました。「お前たちは体力がないから最後まで走り切れていない。だから、後半での失点が多い。明日から全員で走り込みをやるぞ！」

すると、選手たちは声をそろえて「えぇーー！」と言いました。この「えぇーー！」には、〝嫌です。走りたくないです〟という気持ちが込められています。

翌日、指導者の宣言どおり走り込みをしましたが、選手たちはつらくてたまらない表情。持久力がないので当然なのですが、指導者は「これからも毎日つづけてやるぞ！」と当初の姿勢をくずしません。

この様子を見て、キャプテンが練習後指導者のところに行き、「ケガをしている選手もいますし、全員で走るのではなく有志で走るのではダメでしょうか？」と提案しました。

しかし、指導者は「全員で走らなくては意味がない」と言い切り、「有志で走るというが、走りたくない奴は言い訳をして走らないだろう。問題は、そういう奴こそ走る必要があるということだ」とつづけました。

キャプテンはそのことをみんなに伝え、話し合いをしました。「走ること以外にも体力をつける方法があるのではないか」「弱いところを克服するのでなく、強いところを伸ばしたい」など、走ることに対してネガティブな意

メンタル的な壁を越えることが技術と体力の成長を導き出す

見があった一方で、「後半になると運動量が落ちるのは事実だから、つらいけどやりたい」という選手もいました。

そして、何回か話し合いをした結果、指導者を信じ、本数を決めて毎日全員で走ることに決めました。

走り始めてから1か月が経った頃、キャプテンが「最初は走るのがしんどいので、できれば逃げたいと思っていましたが、走ると決めたことで壁を乗り越えられそうな気がします」と話してくれました。また、「下半身が強くなった」「つらさを越えて楽しささえ感じている」という選手も出てきました。

それからさらに2か月後に試合がありました。結果は快勝。選手たちは「走り込んでいるから、後半バテなくなり、当たり負けしなくなった」とか「フィジカルが強くなったように感じる」と誇らしげでした。

試合後、私は指導者と話をしましたが、「走ることはもちろん必要なのだが、すぐにあきらめることがクセにならないように自分自身に向き合わせ、ハードルを飛ばせることが大切。そうすれば自信につながり、結果に変化が出ると思っていた」と教えてくれました。

走って体力をつけさせることよりも、精神的な壁を越えさせることに重きを置いた指導が、見事に良い結果につながったのです。

選手の気持ち

結果がどうなるかはわからないけれど、全員で決めたことに取り組んでいるというだけで充実感が得られ、達成感も感じられてモチベーションが上がる。

即 さあ、すぐに実行！

毎日苦手なことに向き合って“壁の突破”を体験させる

(1)ウォーミングアップ終了後の10分間を〝苦手なことに向き合う時間〟とします。内容は技術的なことで、意識と身体を苦手なことに集中させます。毎日課題に取り組み、壁を乗り越える経験をさせるのが目的です。

具体的には、紙に自分が取り組むことを書いてその場に置き、指導者が回ってきたときにわかるようにしておきます。10分経ったら、取り組んだ感想、成果を5分でまとめて提出します。これを毎日積み重ねて苦手を克服、改善していきます。

(2)個人の課題をチームで克服していくようにします。練習で自分が苦手なことを3つあげ、A～Cにランク付けします。A：一番嫌い、B：嫌い、C：好きではないとし、それぞれどうして苦手なのか、どうやったら好きになれるのかを紙に書き出します。そして、練習のときにそれを発表し、さらに自分が指名した3人の選手にアドバイスしてもらいます。

〝発表＋アドバイス〟にかける時間の目安は約10分、毎日数人ずつ、チーム全員が発表するようにします。

[Lesson]
22

“選手カルテ”によって1人ひとりの情報を把握し指導に有効活用する

ポイント

選手の可能性や隠された一面を見逃さないためにも、できる限りの情報収集をする

試合に負けて泣いている選手の“本気度”を否定しないほうがいい

そのチームは予選トーナメントを順調に勝ち進み、本大会出場が決まりましたが、喜びもつかの間、不運にも初戦で優勝候補と対戦することになってしまいました。

試合当日、選手は懸命にプレーしましたが、実力の差はどうしようもなく、徐々に点差を広げられて敗れる結果となりました。

試合終了後、全員が集合して指導者が話しているとき、A君が涙を流して泣いていました。指導者が「何でお前は泣いているんだ」と聞くと、A君は「試合に勝ちたかったです。悔しいです」と答えました。

指導者がつづけて「ほかの者たちはどうなんだ？」と聞くと、ほとんどの選手が「悔しいです」と答えたものの、その雰囲気から〝でも、泣くほどではない〟という空気が感じられました。その後もA君は泣きやまなかったため、指導者はしびれを切らしたように「いつまでも泣いているんじゃない」と怒鳴りました。

解散したあと、私は指導者になぜ「泣くな」と言ったのか聞いてみました。その答えは、「Aは試合でやるべきことをやっていないし、特別きつい練習もしていない。なのになぜ涙を流すのか不思議だし、信じられない」というものでした。一方A君は、「一生懸命練習して予選を勝ち進んだのに、初戦

指導者の思い込みが、選手の可能性を封じていることがある

で運悪く強いチームに当たってしまった。でも本気で勝てると思って挑んだから負けて悔しいです」と言っていました。

私は彼の発言を聞いて、選手自身がまだ成長段階である点を別にして2つのことを感じました。1つは、指導者の気持ちは理解できるものの、やはり選手の思いをもう少し汲み取る必要があったのではないかということです。

選手が試合にかける思いはそれぞれなので、その本気度を（結果的に）否定するのではなく、「悔しいか、だったらその気持ちを絶対に忘れるな！今日からまた練習するぞ。そして、次は勝つぞ！」と励ましてあげたほうが良かったと思います。

もう1つは、指導者がA君の性格を把握していなかったということです。涙が止まらなくなるほど情熱的なA君の性格は、注意深く見ていれば練習や練習試合のときに読み取ることができたはずです。そして、そんなA君に合った別の指導法も考えられたのではないかと思えます。

前にも述べましたが、指導者の思い込みが、選手の可能性や知られざる一面にフタをしていることが意外と多くあります。そこには、指導者の私情が入っている場合もありますが、誤解をなくすためにも、ふだんから選手に関する情報をできるだけ多く集めて指導に活かすことが必要です。

選手の気持ち

冷静に考えたら勝てそうもない相手であっても、気持ちで負けなければ何とか倒せるんじゃないかと本気で思っていた。

即 さあ、すぐに実行！

選手と指導者が交換した質問表を選手カルテとしてファイリングする

5問程度の簡単な質問表をつくり、指導者、選手の両方が記入して交換し合います。指導者は、最終的にこれを選手カルテとしてファイリングし、指導に活かすようにします。

【質問表の例】

①指導者は選手のここを見ている・選手は指導者にここを見てほしい

②指導者が選手に聞きたいこと・選手が指導者に聞きたいこと

③悩んでいるとき、選手は誰に相談するか（指導者は予想する）

④指導者から見て、選手はどんな性格か・選手は自分をどんな性格だと思うか

⑤指導者から選手へ、アドバイスとしての一言（選手は何を言われるか予想する）

※③、④については、答えやすいようにいくつかの選択肢を用意してもいいでしょう。指導者が知りたいことを中心に、質問はほかにもいろいろ考えられます。

[Lesson] 23

選手が“嫌だ”と思うことには早目に着手させ必ず途中でチェックする

ポイント

“やりたくない”気持ちを引きずっていると、チームにも悪影響を及ぼすことになる

“嫌なこと”をやらずにすますのは不可能だと認識させる

若いときほど、嫌なことから逃げたい、苦しいことはしたくない、できれば楽して勝ちたいと思うものです。もしかしたら、いくつになってもそうなのかもしれません。一方、大人になるにつれて、嫌でも向き合わなければいけないことや、逃げられないことがあり、その壁に立ち向かうことで自分が一回りも二回りも成長するということが理解できるようになります。

スポーツの現場でも、乗り越えなければいけない壁は次々にやってきます。それに対する指導法はいろいろあると思いますが、私は選手が〝嫌だ〟〝できれば逃げたい〟と感じることほど少しでも早く向き合わせるようにして、必ずその途中経過を聞くことがポイントであると考えています。それは、次のような例を目の当たりにしたからです。

その選手は、バレー部で選手兼データ係をしていました。あるとき、指導者から「来週までに先月の5試合のデータをまとめて提出してほしい。それを見て分析し、試合前に注意点をみんなに伝えたいからよろしく」と言われました。

その選手は練習は好きでしたが、データ係については正直面倒くさいと感じていました。練習後は眠くて眠くてたまらないし、身体は筋肉痛や疲労感が強く、提出日の2日前まではデータのまとめをまったくやらずにいました。

というより、逃げていました。その一方で、頭のなかでは〝集中してやれば

“やりたくないこと”の先延ばしは単なる時間のムダづかい

2日で何とかできるだろう〟とも考えていました。

そして、提出の2日前。急に体調が悪くなりフラフラしていましたが、ムリをして朝方まで作業をしました。しかし、翌日には39度の熱を出して寝込んでしまい、〝やらなくては〟という気持ちはあるものの何もすることができず、結局データを提出することができませんでした。

その結果、監督によるデータ分析のみで、過去のデータ分析がないまま試合に臨むことになり、チームにも迷惑をかけることになってしまいました。

この例が教訓となって、2つのことを学んだわけです。1つは〝嫌だ〟〝やりたくない〟という気持ちに流されてやるべきことを後回しにしたために自分の首を絞める結果となり、チームにも悪影響を及ぼしたということ。もう1つは、指導者が自分の頼んだことの進み具合を聞いていたら、その選手は危機感を感じてもっと早く作業を始めていただろうということです。

何でもかんでも早ければいい！ということではありませんが、自分がやるべきことが〝気の進まないこと〟〝できればやりたくないこと〟の場合、先延ばしにするのはただの【時間稼ぎ＝時間の浪費】でしかないということを肝に銘じなくてはいけません。指導者はこの点を選手に理解させるとともに、頼んだことの途中経過をこまめにチェックする必要があります。

選手の気持ち

〝できればやらないですませたい〟〝逃げたい〟と思うからこそ、指導者には適度な監視をしながら見守っていてほしい。

イメージ力を活用して、良いパターンと悪いパターンを比較する

(1)〝やりたくない〟という気持ちを優先させて、実際にやらなかったらどうなるかをイメージさせます。時間の経過と共に自分の気持ちがどう変化し、やらないことでチームにどんな影響があるかを考えます。次に、その逆のパターン、つまり早く対処した場合についてもイメージします。

　漠然と頭ではわかっていても、より具体的に2つのパターンを想像することで、問題点を理解することができます。できればイメージを紙に描いて、視覚的な面からも納得できるようにすると、より効果的でしょう。

(2)指導者がやりたくない理由を選手に聞き、それに関する悪い例について話をします。悪い例を紹介することで、選手自身の場合との比較をさせるのです。例は、指導者自身の失敗でも他選手の失敗でも構いません。具体的に話すことが重要です。

　また、ただ不安でネガティブになっていることも多いので、理由を聞きながら〝嫌だ〟という感覚を改善・軽減していくようにします。

“強制力”＋“選手の意思尊重”で良い関係を築きチーム力をアップする

ポイント　強制力を発揮するだけでなく、状況によっては選手の意見を取り入れて、モチベーションを保つ

時と場合によっては強制力が必要なこともある

今回は、特別な例について紹介します。ある高校のダンス部で、指導者が次の大会で演じる曲を発表しました。しかし、選手たちは明らかに不満げ。指導者の踊らせたい曲と、選手たちが踊りたい曲が異なっていたのです。指導者が「これでいいですね」と念押しすると、ある選手が意を決して「その曲はやりたくないです」と言い出し、数人が同調しました。

指導者は「大会までそんなに時間がないから、とりあえずこの曲でやりましょう」と前に進めようとしましたが、選手たちは「その曲では踊りたくありません」と言って動こうとしません。指導者は〝練習させなくては何も始まらない〟と考え、やらない言い訳を一切許さずに強制的に練習を行いました。そして、終わってから「それでは違う曲を考えてきます」と言いました。

後日、新たに選んだ曲を聴かせましたが、今度も選手たちは納得しなかったため、指導者は「では、あなたたちがやりたい曲をもってきなさい。ただし、クラブや学校、自分たちのイメージを壊さないように」と言って選手たちに曲を選ばせることにしました。数日後、選手たちのやりたい曲を聴きましたが、今度は指導者が気に入らず、双方が一歩も譲らないという事態に陥りました。

このような状況になった場合、みなさんならどうしますか？　自分の意見

選手の気持ち

何となく〝やりたくない〟だけなのに、やらない理由を後付けであれこれ探して、頑《かたく》なになってしまうことがある。

嫌なことでも一度は経験して、それから判断する習慣をつける

を押し通して選手にやらせますか？　それとも選手の意向を尊重して彼らの選んだものでやらせますか？　あるいは両者が納得できるものにしますか？

その指導者は、考えに考えたうえで自分のやりたい曲と選手たちが選んだ曲の両方を使うことにしました。選手の意向を入れつつ自分の意見も取り入れて、お互いの折り合いをつけたわけです。

選手たちは喜び、チームの雰囲気は徐々に良くなりました。そして、指導者と選手の間のミゾは埋まり、練習に集中できる環境が戻りました。出場した大会では、準優勝という良い結果を得ることができました。

一連のできごとについて、その指導者は次のように言っていました。

「選手のやる気を失わせないためにも、頭のなかだけであれこれ考えるのではなく、嫌でも何でも一度はやってみて、経験してから判断する習慣をつけさせることが重要。何もやらないで見た目や先入観だけで評価するのは、無知のままであるのと同じだから、経験を積ませることを心がけている」。

大会で好結果をあげることができたのは、このような基本姿勢を前提にして、指導者が選手の力を最大限出し切れる戦略（指導者の選んだ曲を演じること）と、彼らのモチベーションを保てる方法（選手の選んだ曲を演じること）を両立させることができたからだといえます。

即 さあ、すぐに実行!

先入観や悪い印象を取り除くため良いイメージを取り入れる

前述したように、状況によっては一時的な強制力が必要なこともあります。それを前提にして、次のような方法を試してみてください。

⑴今回の例のように停滞して前に進めないときには、行動のパターンを一時的に《脳（考えて）→身体（動く）》から《身体（動いて）→脳（考える）》に変換してみます。

決して考えなくていいということではなく、考えても結論が出ないのであれば、まずは動いてみるという方法です。

⑵頭のなかで良いイメージができずに自分の考えを変えられない場合は、視覚と聴覚を用いて良いイメージを取り入れるようにします。

今回の例では、指導者が選んだ曲に対して選手たちが悪いイメージをもち、それに固執して反発しているので、同じ曲や同じジャンルの曲で踊っている良いイメージの映像を探して選手たちに見せ、先入観や悪いイメージを消し去るようにします。

ギクシャクするときは 指導者と選手全員で チームの方向性を確認する

ポイント

選手と指導者が話し合い、チームの方向性を確認することで、両者の間のミゾを解消する

指導者の考えが浸透していないと違和感を抱く選手が出てくる

指導者・Aさんは、学生時代にずっと同じ競技をつづけていたので、経験者ならではの指導を行っていました。熱血漢で、いまの時代には珍しく、部活愛、選手愛の強い指導者でした。

あるとき、練習中に1人の選手（B君）に対して「何度も練習したのになぜできないんだ！」と声を荒げることがありました。いつもはできているのに、そのときはできなかったため、ふだんよりきつく叱ったのでした。

B君は、強く叱られたことに動揺して落ち込んでしまい、練習でのできごとを親に話しました（以前なら考えられないことですが、いまは親に何でも話す子供が多くなっています）。そして、それを聞いた親が翌日、Aさんに電話をしてきたのです。

話の内容は「なぜ、きつく叱ったのか」「うちの子は厳しい指導は望んでいない。楽しく競技ができればそれでいいと言っている」ということでした。それに対してAさんは、「B君の成長に必要なことだと考えての指導で、勝負の楽しさ、苦しさ、喜びなどを経験してもらいたいと思って熱く指導している」と伝えました。

Aさんは、その日のうちにB君と直接話しましたが、彼は「自分は勝負に勝つとかチームが強くなるというよりも、みんなで楽しくバスケットがした

選手間での方向性の違いも話し合って確認する必要がある

いんです」と答えたそうです。

Ａさんは自分の考えるチームの方向性と、選手の考えるそれにズレがあることを実感しました。それまでは、自分の指導によって問題が起ったこともなく、選手もとくに違和感を抱いている様子がなかっただけにとてもショッキングなできごとでした。

その後、Ａさんはチームの方向性を確認しようと選手全員とミーティングをしました。すると多くの選手が〝勝負最優先ではなく、競技そのものを楽しみたい〟と考えていることがわかりました。話し合いの結果について聞いた私に、Ａさんは「非常に考えさせられる」と答えるのが精一杯でした。

本来、クラブ活動は、指導者の方向性に選手が従うのが基本だと思いますが、このケースのように指導者の考えと多くの選手のそれが異なる場合には（とくに中間レベルのチームで起こりがち）、選手の考えに寄り添うというスタンスが必要なのかもしれません。つまり指導者の方向性を基本としながらも選手の方向性を確認し、具体的にどうするかを決めていくということです。

これは、指導者と選手だけの問題ではなく、選手の間でも発生する可能性があります。この場合は、選手どうしで方向性について話をし、最終的には指導者も加わって話し合いをする必要があります。

選手の気持ち

指導者の方向性を何となく理解していながら、自分の気持ち（考え）を優先させてしまうことがある。

即 さあ、すぐに実行！

選手に“自分が監督だったらチームをどうするか”考えさせる

選手と指導者が話し合いをする数日前に、課題として〝自分が監督だったらどういうチームをつくりたいか〟をＡ４用紙１枚にまとめさせます。どんな方向性で競技をしたいか。このとき、いままで指導してきた（歴代の）選手たちの傾向や特色、どういうチームの方向性であったかを伝えておきます。

話し合いの場では、選手が自分のまとめたものを発表します。ただ発表するのではなく、１人ひとりが自分たちのチームをつくっていくのだという自覚と責任をもたせるように促します。

そして、いくつかの候補に絞り込み、最終的にチームの方向性を決めます。おそらく、勝負を優先するチームを目指すのか、競技を楽しむことに重きを置くチームにするのか、この間を揺れ動くことになるでしょう。

指導者や顧問が交代したり、年度が変わることによって選手の考え方が変化し、それがチームの方向性に影響を及ぼす可能性があるということを認識しておきましょう。

勝利に向かってまっしぐら！
楽しみながらのんびりと

[Lesson]
26

指導者が率先して“本当の気づかい”ができるチームを育成する

長い試合よく耐えたな
オレので悪いが
タオルとドリンク
よかったら使ってくれ!!
い・いえ…

ポイント

相手の気持ちを考え、きちんとした気づかいができるようにすることは、選手の自立を促す

指導者の“気づかいの心”は自然に選手の身に付いていく

7月のとても暑い日に、3校合同で練習試合をすることになりました。このとき、とても感心させられるできごとがありました。ホームチームのキャプテンが、「来てくれるチームの人たちに冷たいお茶を用意しようと思うのですがよろしいですか」と指導者に聞いていたのです。指導者は、「いいじゃないか」と言って具体的な指示を与えました。

試合後、私は彼女に「冷たいお茶のことは自分で気づいたの？　なぜ、そうしようと思ったの？」と聞いてみました。すると「熱中症対策としてドリンクを持参するのはわかっていましたが、少しでもホッとできればと思って」という答です。私はこの発言から〝本当の気づかい〟を感じました。

同じような気づかいは、これまでに何度か経験したことがあります。たとえば、屋外競技で前の晩に雨が降って観客席のイスが濡れていたら、選手がタオルで1脚ずつ丁寧に拭く、また、荷物が多くなる競技では、わざわざブルーシートを用意して荷物を置けるように配慮する……など。

これらは、先の例のようにキャプテンや選手が自発的に行うこともあれば、指導者が気づいて指示することもあります。仮にそうだとしても、その教えは経験として確実に選手の身に付きます。一方で、そういった気づかいがまったくできない、あるいは配慮するという意識すらないチームもあります。

選手の気持ち

遠征先などで、自分たちに対するちょっとした気づかいを感じることがあると、うれしいと同時に「やられた」という気持ちになる。

“自分基準”ではなく“相手優先”で気をつかう

以前は、相手のチームを思いやるような行動はあまりしなかったように思います。練習試合といっても、相手に対しては敵意むき出しでしたが、いまは敵というより、むしろ同じ競技をする仲間という感覚になっています。試合後は、対戦チームの選手どうしが会話をしている光景もよく見かけます。時代が変わりつつあることを実感しますが、指導者のみなさんには、ぜひ〝本当の気づかい〟ができるチームを育てていただきたいと思います。

さて、これまで私は〝本当の気づかい〟という言葉を用いてきました。それは〝言葉がなくても意思疎通が図れ、相手に心地よい時間や空間を提供できる〟とか〝相手のかゆい所に手が届く〟といったことを意味します。

よく〝自分がしてほしいことの延長線上に相手のしてほしいこともある〟と言われますが、これには注意が必要です。それは自分がしてほしいことと相手のしてほしいことが一致するとは限らないということです。

至極当然なのですが、これを忘れてしまうことが間々あります。その原因は、相手のことを考えていながらも〝自分基準〟が強すぎて、じつは自己満足で終わっている点にあります。大げさかもしれませんが、〝本当の気づかい〟を実践するときには、自分を引っ込めて相手を優位に立たせるという意識と、相手の立場に立つという意識をもつことが重要です。

即 さあ、すぐに実行！

相手の気持ちを想像してチェックリストを充実させる

⑴1人1日1回、相手に「ありがとう」と言ってもらえるような行動をし、練習後に実際に喜んだ人がいたか報告します。学年ごとに実行し、1週間つづけたら次の週は別の学年に移ります。自分の気づかいが他の人に望まれるものかどうかを学習するのが目的です。まずは〝自分がこうされたらうれしい〟から始めます。

⑵チェックリストを作成し、さらにそれを充実させるために、練習試合、遠征、合宿で気づいたこと、こうだったらいいのにと思うことをリストアップします。

《チェックリストの例》

①(晴れの日)イスの準備・点検：✓

②(雨の日)イスに敷くシートの準備・イスを拭く：✓

③ゴミ袋の設置：✓

④飲み物の準備：✓

《リストアップする項目の例》

・自分たちが試合に行ったときにしてもらったこと・してほしかったこと

・自分たちが相手を迎えたとき、要望されたこと

[Lesson]
27

リーダーがチーム内での役割と個人としての役目を両立できるように配慮する

ポイント

リーダー的役割を担う選手は、責任感の強さから
個人としての役目が果たせなくなることがある

リーダーはチーム内での役割と個人としての役目の両立に悩んでいる

バドミントン部のキャプテンAさんは優しく責任感があり、〝みんなで一緒に頑張っていこう〟というタイプでした。選手の個性を尊重し、のびのびと楽しくプレーすることを重視した方針が功を奏して、チーム内には良好な関係性ができ、新人選手も順調に育ちました。

Aさんがこのようなチームをつくりあげたのは、彼女が新人の頃は上下関係が非常に厳しく、息苦しさを感じていたためで、自分の代になったらそのようなことのない〝いい関係性〟を築いていこうと考えていました。

そんなAさんにも悩みがありました。それは、下のレベルの選手たちの底上げはできているものの、チームとしてもっと上を目指したいというキャプテンとしての気持ち・役割と、1選手としてもっと向上して、チームに貢献したいという個人としての思い・役目の間で揺れているということでした。

これは、技術リーダーやフィジカルリーダーなど、キャプテンの下にいるリーダーたちについてもいえることで、チーム内での自分の役割と1選手としての役目の両立に悩んでいました。また、上下関係が厳しくないために生じる緊張感の欠如や、個性尊重ということをかん違いしている言動も、一部の選手の間で目立つにようになっていました。

指導者は、チームの方針は短期間で変えられるものではなく、長いスパンで

選手の気持ち

〝みんなで一緒に〟というけれど、役割のない人は、結局自分のことしか考えていないんじゃないかと思えることがある。

他人に意識を向けることで自分から逃げようとすることがある

見ていく必要があると考えていました。また、自分（指導者）がチームをつくるのではなく、選手たちがチームをつくるのだという意識をもっていました。

さて、キャプテンをはじめ、チーム内でリーダー的な役割を任されている選手は、試合が近づくにつれて、自分に対する意識がいつの間にか自分以外の選手に向いてしまうことがあります。

これは、きつい言い方をすると、他人に意識を向けることで、チーム内での役割（キャプテンやリーダー）を果たしているのだから、個人としての役目が果たせなくてもしかたがないという言い訳（逃げ道）にしているとも考えられます。つまり、深層心理では自分自身から逃げている可能性があるのです。

こういう状態に陥ると、試合中でも他の選手の動きばかりが気になり、そちらに意識を向けることで、〝チーム内での自分の役割を果たしているのだ〟と思い込むようになります。これでは、選手としてのパフォーマンスは十分に発揮できませんし、ミスにもつながります。また、他の選手に与える影響も決して小さくありません。

責任感が強く、自分の役割を完璧にこなそうとする選手ほど陥りやすい落とし穴なので、指導者は選手の性格をきちんと把握して、いまどんな精神状態なのかに注意するようにしてください。

即　さあ、すぐに実行！

役割による重圧から開放して 1人の選手としてプレーさせる

キャプテンや各部門のリーダーで、責任感が強いと思われる選手に対しては、試合が始まったらその役割を免除するのも1つの方法です。

　試合中は1人の選手としてプレーすることに専念させるため、「チーム内での自分の役割は意識するな」と言ってあげましょう。

　いわば〝役割によるプレッシャーからの解放〟といえますが、責任感が強い選手は、チームのあらゆる部分を見ようとするので、意識を自分自身に向けさせることで、先ほど述べたような言い訳をさせない、責任転嫁をさせない状況をつくります。

　試合中の仮のキャプテンやリーダーは、そのような役についていない選手から選びます。

　1つの試みとして、実力はあるけれど、ふだん自分のことしか考えないタイプの選手にあえてリーダーを任せてみるという方法があります。〝全体を見る〟という経験をすることによって、その選手が大きく伸びる可能性が広がります。

マンネリ防止のため新鮮さや好奇心を喚気する環境づくりをする

ポイント

マンネリを重症化させないため、選手の心に“練習したい”という欲求を起こさせるようにする

マンネリ化現象には3段階があり競技への拒否反応を示すこともある

練習メニューを考えるのは、多くの場合指導者です。指導者は選手に対して平均を超えていってほしいと期待してメニューを考えます。コーチが複数いる場合にはスタッフ全員でメニューを練ることがあるかもしれませんが、たいていは1人で考えています。それだけに〝練習メニューのマンネリ化〟という問題が起こります。

練習メニューが毎日同じであると、どうしても選手が慣れてきて、気持ちの緩みにつながります。選手自身が高い志や強い意志をもっていたり、目標や目的意識がはっきりしているチームであれば問題ありませんが、そのようなケースはまれでしょう。

同じ練習メニューで練習をしていると、たいていの選手は、〝毎日同じ練習でつまらない〟〝なんでこんな練習なんだろう〟と感じるようになります。もちろん、練習のなかから何かを見つけたり、意識してよけいなことは考えない選手もいますが、それは少数派といえます。

マンネリ化（現象）には3つの段階があります。

◎初期：一生懸命練習しようとしても、何となく集中しきれない状態
◎中期：練習する気になれない、あるいは、ただ惰性でこなしている状態
◎最終：競技そのものに拒否反応を示し、ひどくなるとバーンアウト（燃え

選手と指導者の関係を接客に置き換えて、練習メニューを工夫する

尽き）やドロップアウト症候群へと移行する

多くの指導者は、練習メニューに工夫を凝らそうと苦労しているようですが、とくに基礎練習の場合、ある程度の量をこなすことで身体に基本的な動きを覚えさせようとするため、どうしても反復中心の地味なメニューになりがちです。

しかし、選手は貪欲です。基礎練習は地味でつらいものだと知っていながら、できれば楽しいメニュー、変化に富んだメニューがいいと考えています（女子選手は変化よりも安定を求める傾向があります）。

この要求に100％応えるのは難しいことですが、【レッスン15】で記した接客の例が参考になるかもしれません。自分（指導者）が販売員、選手がお客さんという設定で、相手の要求の先の先まで予測して、お客さんの期待値を超えることを目指すのです。これは一朝一夕にできることではありませんが、選手と指導者の関係を接客に置き換えて考えることはとても重要です。

最後に、メニュー作成における、マンネリ予防の留意点を整理しておきます。

◎メニューに関する論理的説明ができるようにする
◎本番を想定した練習を意識する
◎選手が考えた自主練習を取り入れる

選手の気持ち

基礎をしっかり固めるためには地道な練習を積み重ねることが大事だと理解しているけれど、慣れてくるとどうしても手抜きをしてしまう。

即 さあ、すぐに実行!

競技で使う道具を変えてプレーそのものを見直す

やる気を喚起する方法として、①思い切って練習を休ませる、②練習メニューのなかに他種目の要素を取り入れる、③練習時間と場所を工夫する、④他のチームと合同で練習する、などが考えられますが、ここでは〝道具を変えてみる〟という方法を紹介します。

たとえば、サッカーならラグビーのボールを使う、バスケットボールならバレーのボールを使うなど、ボールの種類を変えて練習してみます。

これは、日頃何となくやっているプレーも、道具が異なることで予測不能な事態が起こり、それに対応するためにプレーそのものを見直すという効果があります。しっかりとボールの中心をとらえるなど、目的をはっきりさせて取り組むといいでしょう。

道具を使わない競技の場合は、手、足のうちのどこか一部を使わずにプレーするなど、あえて不自由な状況をつくり出します。これによって自分のプレーのクセや、身体の偏りなどに気づくことができるかもしれません。

[Lesson] 29

全員で練習することの“意味と重要性”を改めて考え直してみる

ポイント
個別練習ではなく、全体練習でしか培えないことを中心に据えて練習メニューを考える

“個別練習”が自己満足で終わっていないか注意する

大学などでは、学部やキャンパスが異なるため、チーム全員のスケジュールを合わせて1つの場所に集まるのが難しいこともあります。

私が関わっているある大学のチームでは、〝個々で取り組む練習を中心にして、そのうえで全体練習をする〟という方針でした。全員で集まるのが難しいから個々で練習をして、全体練習ができるときに全員の動きを合わせようということです。個別練習と全体練習の比率はだいたい半分ずつでした。

私は練習を間近で見ていて、彼らなりに頑張っているとは思いましたが、それが飛躍的なレベルアップに結びつくとは感じられませんでした。なぜなら、楽しい練習だけを行い、できないことをできるようにする苦しい練習をしているようには見えなかったからです。もちろん苦手を克服するための練習もするのですが、根本的な解決にはつながっていませんでした。つまり、選手たちの自己満足で終わっているように見えたのです。

このチームは、5部まであるリーグ戦グループの2部にいました。そのなかでは強豪といってよく、1部が手の届く位置にいました。その年も順調に白星を重ね、1、2部の入れ替え戦に臨めるところまで進みました。入れ替え戦の1試合に勝てば1部に昇格することができます。

しかし、その試合には負けてしまい、2部残留となりました。敗因は、連

選手の気持ち

自分では決して〝楽をしよう〟という気持ちはないのだが、無意識のうちに自分を限界まで追い込むような練習を避けているのかもしれない。

“全体練習”の積み重ねでしか成し遂げられないことがある

携ミスからの失点と苦手なプレーの克服をしないまま臨んだためパスがつながらなかったこと。仲間との息も合わずチームの悪いところが全部出てしまい、勝ち切ることができませんでした。

私が指摘するまでもなく、全体練習の不足がいちばんの原因です。団体スポーツの場合、力が拮抗するほど最後に勝敗を決するのはメンタルとチーム力で、これは全体練習の積み重ねによって培われるものです。

結果が出ていない以上は現実を受け止めて、自分たちの能力の足りないところを改善していくしかありません。それを実行に移さない限り、たとえ1部に昇格することができたとしても、翌年はまた2部に落ちる可能性が高いといえます。

このチームの指導者によると、現在の練習システムにするときに選手たちと何度も話し合ったそうです。そのうえで彼らの意向を尊重して了承したのですが、今回の結果を踏まえて、指導者は「後悔している。いまのシステムにしてチームワークにも悪い意味で変化が出ている」と話していました。

選手の考えのなかにはどこかに〝甘さ〟が潜んでいるということを指導者は見極めなければいけません。これを機会に全員で練習することの意味、重要性について、もう一度考えていただければと思います。

即 さあ、すぐに実行！

お互いの良い点を伝え合って1人ひとりの重要性を確認する

(1)チーム全員で連携するためには1人ひとりが必要だということを確認します。1対1のペアをつくり、相手が自分よりも優れているところを教え合います（適当な時間内でペアをチェンジする）。チームでうまくいかないことがあると、自分は不要な人間なのではないかと思い悩むことがありますが、そんなときに自身の存在意義をもてるようにすることが目的です。

月1回程度行いますが、自分に対して言われる言葉の変化を感じ取ることも重要です。

(2)ドブルゲームをします。このゲームは、円形のカードが55枚あり、1枚には8種類の絵が描かれています。どの2枚のカードを選んでも共通する絵が必ず1種類あるので、これを見つけて宣言することがゲームの元になります。

このゲームには5つのやり方があるので、インターネットなどで調べて自分のチームに合う方法で行います。多人数で楽しめること、反射神経を競うことがポイントです。カードを手づくりしてもいいでしょう。

[Lesson]
30

試合中のミスの指摘は“その場”で、選手のやる気が下がらないように行う

ポイント

試合中に選手が犯すミスについては、“指摘するタイミングと注意のしかた”がカギを握る

試合でミスが起こったら“その場で”指摘するのが効果的

みなさんは、試合中に選手がミスをした場合、その指摘をどのタイミングで、どのような方法によって行っていますか。

まず、指摘のタイミングとしては、①すぐ、あるいはできるだけ早く（たとえば、イニングが変わるとき、タイムをとったとき、ハーフタイムのときなど）、②試合終了時、③試合の反省会のとき、などが考えられます。

結論から先にいうと、私は試合中のミスの指摘は、基本的に①の〝すぐ、あるいはできるだけ早く〟がいいと考えています。なぜなら、指導者は試合が終わっても選手に指摘することを覚えていますが、選手本人は自覚しているミスもあれば意識していないミスもあるため、〝その場〟でなくては伝わらないことがあるからです。

次に、どのように指摘するかですが、これについては〝選手に寄り添う〟という意味で、20代から50代の約15人の指導者に〝自分が現役の選手だった頃、ミスをしたとき指導者からどのように言われたら前向きになることができたか〟という質問をぶつけたことがあります。

選択肢は、①強い口調で言われる（怒鳴られる）、②無言または無視される、③原因と対策を説明される、④「頑張っている」と励まされる、の４つで、このなかから1つを選んでもらいました。

ミスの指摘をどうするかは選手のやる気を左右する

その結果、多くの指導者が、①強い口調で言われる（怒鳴られる）を選びました（2位は③原因と対策を説明される）。そして、自分はそのようにされると頑張ることができたので、いまの選手たちにも同じように指導しているという人がほとんどでした（指導対象選手は小学生〜大人まで多種多様）。

それでは指摘される側の選手たちは、これについてどう思っているのでしょうか。16歳から18歳までの約180人の選手たちに〝ミスをしたとき、指導者からどのように言われたらやる気がわいてくるか〟という質問をしてみました。選択肢は前の質問と同じです。

すると、選手の多くが、③原因と対策を説明される、④「頑張っている」と励まされる、という回答でした。先に1位だった①強い口調で言われる（怒鳴られる）や、②無言または無視されるは、逆に気持ちを落ち込ませるという結果でした。また、怒鳴られた理由がわからない場合は消化不良が起こり、指摘されたことの意味を考えることで競技に集中できなかったり、自分の力が信じられなくなってしまうということがわかりました。

指導者が何気なく行っているミスの指摘しだいで、選手のモチベーションを低下させてしまう可能性があるということを踏まえて、〝試合中のミスの指摘〟について改めて考えてみてください。

選手の気持ち

ミスが悪いということはわかっているので、なぜミスをしたのか、どう対処したらいいのかを教えてもらえるほうがモチベーションが上がる。

即 さあ、すぐに実行！

指導者が複数いる場合は役割分担してバランスをとる

⑴前頁で、選手に対するアンケートの例を紹介しましたが、選択肢を変えることによって選手個々の傾向を把握します。

たとえば、①指導者の言葉を素直に受け入れられる、②ミスについては自分でわかっているので触れてほしくない、③解決策を教えてほしい、④メンタルが弱く切り替えが苦手なので、前向きな言葉がほしい、などの選択肢を用意し、その結果を参考にして指導者自身の指導方法と融合させ、なるべく1人ひとりの選手に合った指摘のしかたをするようにします。

⑵監督、コーチなどの指導者が2人以上いる場合は、役割分担するようにします。

たとえば、監督は全体を見る役割、コーチは指導者と選手の間の架け橋になるようコミュニケーションをとる役割、コーチがもう1人いる場合は、厳しく指摘する役割など、うまく連係がとれるようにします。指導者陣が全員厳しいなど偏ることなく、バランスを保つことが大切です。

[Lesson]
31

試合中に選手の長所や頑張る姿勢をほめてゲームを楽しめるようにする

ポイント
試合のときの“ほめ言葉”は、選手の実力を発揮させる特別な力を秘めている

指導者の怒っている姿が良い影響を与えることはない

野球の試合における、2つの対照的なチームについて紹介します。

1つめのチームは、相手に先制を許し2点リードされていました。チャンスはあるもののなかなか得点にならず、苦戦していました。

3回の攻撃の途中、突然そのチームの指導者が「もっと集中しろ!」「何やってんだ。こらっ!」と選手たちに罵声を浴びせ始めました。

そして、自分たちのミスから相手に追加点を与えると「何をやっているんだ、お前たちは!」と雷のような怒声が飛びました。大げさではなく、見ている私までも凍りつきそうな迫力です。

このチームは、伝統のある弱くはないチームでしたが、強制力と支配力をもった独裁者のチームでした。選手は集中していて(指導者もそれはわかっていたと思います)、決してあきらめているようには見えませんでしたが、リズムに乗ることができず結局負けてしまいました。

指導者以外の控えの選手からは「○○するだけでいいから」「まずは1点だ」などプラスの言葉がたくさんかけられていましたが、選手は指導者に浴びせられた怒声、罵声がプレッシャーとなっているようでした。

試合後、選手にたずねてみると「先制されて焦っているところに監督の怒鳴り声が聞こえて、頭が真っ白になった」と言っていました。指導者の言葉

“いつでも見ていてくれる”と思うことで、集中力が増す

や態度で選手の気持ちが大きく変化するというわかりやすい例です。

もう1つのチームは、試合になると指導者が選手に対してプラスの言葉を投げかけていました。たとえば、「いいぞ、そうだ、それでいいんだ!」「お前の頑張りはしっかり見てきたぞ!」、また特定の選手には「力を抜いていけ、いつものお前ならやれるぞ!」など、ポジティブな言葉の連続です。当然、チームの雰囲気もいい感じです。

このチームは快勝しましたが、試合後「自分たちが苦しい状況でも、監督はそのことを理解して背中を押してくれる」と多くの選手たちが言っていました。

さて、指導者のみなさん、試合中に大きな声で選手をほめることができますか? じつはこれは非常に大事なことなのです。

試合中の〝ほめ言葉〟は、じわじわと後から効いてきます。じつは2つめのチームの指導者は、四六時中ほめているわけではありません。試合に限ってのことです。

おそらく、試合という厳しい状況のなかでほめられることから指導者の愛情を感じ取り、それによって選手はより頑張れるのだと思います。いまの選手たちは、〝ほめられる〟ことによって愛情を実感することができるのです。

選手の気持ち

試合中に指導者から〝自分たちが努力する姿を見ていてくれたんだ〟と思えるような言葉をかけられると、〝オレたちならやれる〟という気になってくる。

即 さあ、すぐに実行！

“ほめ担当”を決めて、練習中チームの雰囲気を盛り上げる

⑴チーム内で2人の〝ほめ担当〟を決めます（1日ごとに交代し、全員が担当する）。彼らはポジティブな発言しかすることができません。

練習中〝ほめ担当〟はチームの先頭に立って盛り上げ役となり、声出しをするなどみんなが良い雰囲気のなかで活動することができるようにします。最初は、キャプテンから始めるといいでしょう。

⑵グループ対抗で、手づくりパズルを完成させるゲームをします。

まずチーム内を3、4人ずつのグループに分けます。カラー版のチラシ（スポーツ新聞でも可）と大きめの封筒を用意して各チームに配り、代表者がそのチラシを破いて細かなピースをつくります（破る回数は各チーム同じにする）。それを封筒に入れてチーム同士で交換します。制限時間を決めて一斉にスタートし、パズルを完成させる時間を競います。

これは、短時間に集中してゲームを楽しむ感覚を体得して、それを試合のときに役立てることが目的です。

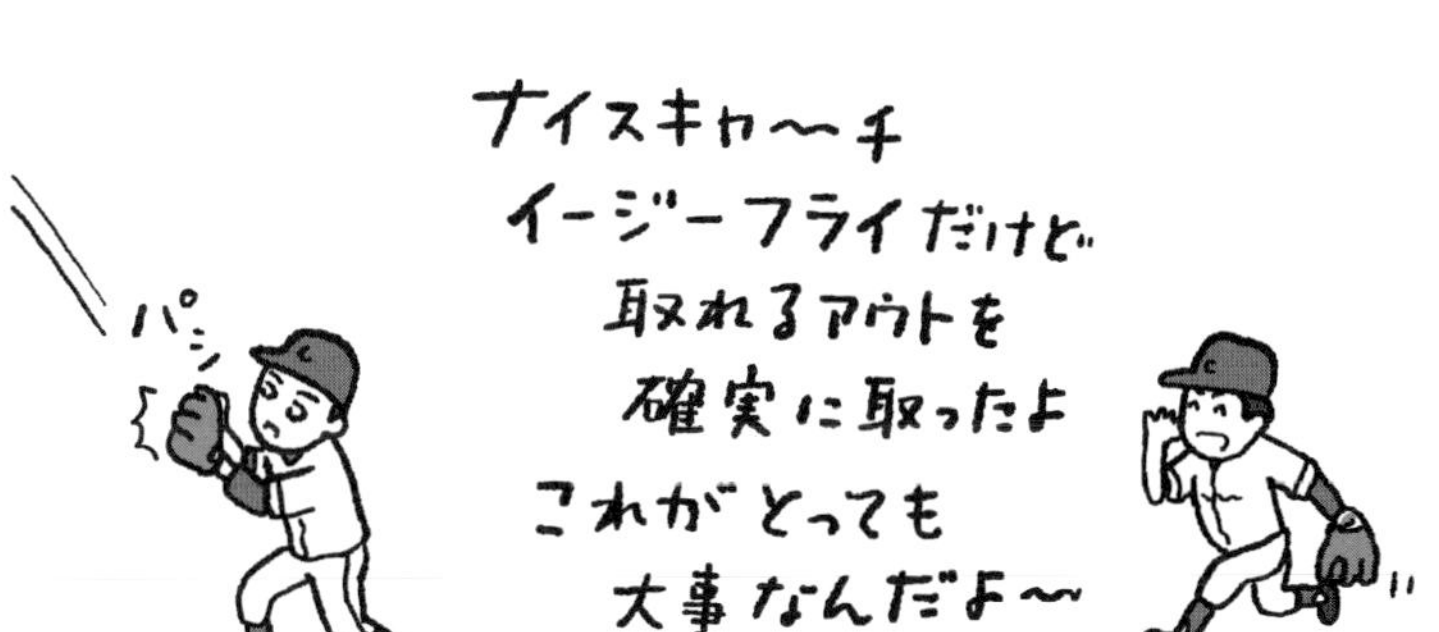

[Lesson] 32

試合中の指導者の表情は“流れ”を変え、選手の実力を出し切ることにつながる

ポイント　指導者の考え方によってチームが変わるように、その表情には試合をコントロールする力がある

試合中の指導者の表情は選手に大きな影響を与える

いまから数年前、ある高校野球チームの試合を見ていたときのことです。新監督を迎えて初めての試合で緊張していたのか、選手は3回を終了するまで浮き足立っているように見えました。そのスキを突くかのように相手チームは得点を重ね、点差は7点まで広がりました。

そして4回、それまで選手に任せるという感じで戦況を見つめていた監督が、「笑顔でやれ！　試合を楽しむんだ！」と穏やかな表情で声をかけ始めました。すると、それにつられるように、ベンチにいる控えの選手たちからも「まだまだ大丈夫。1点ずつ返していけば絶対に追いつけるぞ」「いままでやってきたことを全部出そう」といった前向きな声が聞かれるようになりました。

その後、落ち着きを取り戻した選手たちは反撃を開始し、結果的には負けたものの最後は2点差まで迫りました。試合後選手に話を聞くと「7点差がついたときにはダメかと思いましたが、監督や仲間がベンチから声をかけてくれたことで、精一杯やるぞと思えました」とのこと。たしかに、声がかけられた瞬間に選手たちが〝はっ〟としているのが私の位置からもわかりました。

この話は、苦しい状況下で気持ちや視野が狭くなりがちな選手にとって、監督や控え選手たちの声かけが重要であることを表わしていますが、同時に、選手がいかに監督の態度や表情に影響を受けるかということも示しています。

選手の気持ち

ピンチのときでも、指導者が落ち着いた穏やかな表情で声をかけてくれると、一気に平常心に戻ることができる。

ふだんから笑顔を心がけていると思わぬ効果をもたらすことがある

次はそれに関する話です。

その監督はふだんから「日々の練習は厳しく、試合では楽しく真剣に臨んでほしいから笑顔を心がけている」と言っていました。そのチームは試合のときはいつ見ても白い歯が目立ち、ミスをしても積極さを失うことなく、つねにポジティブです。

私はその様子を見るたびに、〝チームのために明るく楽しくを心がける〟という監督の方針が、チーム全体に浸透していると感じました。

ふつう本番になると、選手は〝練習以上のものを出さなければ〟と考えて力が入り、空回りしてしまうことが多いものです。しかし、このチームは監督の方針どおりに試合に臨み、自分たちの実力を出し切っていました。

この方針にはもう一つの効果がありました。苦しいときに苦しい顔をするのは、〝いま、自分たちはとても厳しい状況です〟と宣言しているようなもので、相手にチャンスを与えているのと同じです。しかし、このチームは苦しいときにあえて笑顔を見せることで、逆に相手の動揺を誘っていたのです。

試合は真剣勝負なのだから笑顔なんて必要ない、という指導者の方もいると思いますが、試合中の指導者の態度や表情が選手に大きな影響を与えるということについては、ぜひ考えてみてください。

即 さあ、すぐに実行！

笑顔をつくる練習を重ねて“いざというとき”に備える

(1)選手に、練習や試合の苦しい場面で笑顔をつくる練習をさせます（練習中は笑うな、という指導方針であれば試合時のみで可）。

まず、練習中に苦しい場面が来たら1回だけ歯を見せて笑うようにします。人のミスを笑うことになる場合は避けます。

試合中の場合は、2回笑顔をつくるようにします。1回目は、試合開始前のアップのとき。2人1組になり、お互いに笑顔をつくれているかどうかをチェックし合います。もう1回は、タイムなどで全員が集まった際に、監督が指示を出して笑顔をつくらせます。これは、試合前の選手の緊張感を和らげる、あるいは苦しい状況を乗り越える後押しをするという効果があります。

(2)試合前、2人1組になり、今日のお互いの調子や良い部分をほめ合います。

(1)と同じく、笑顔をつくることによって緊張を緩和することができ、選手が本来の力を発揮することにつながります。

〈 COLUMN 〉④

“メリハリをつけた期待”で焦《じ》らさない、急《せ》かさない

指導者と選手の関係からすると、期待する側は指導者、期待される側は選手ということになります。

指導者が抱く期待には、“自分の指導に応えてほしい”“自分の思いを託す”“未知の可能性に希望をもつ”などの思いがありますが、期待される側の選手の思いとしては、“日頃の指導に感謝し、何とかそれに応えたい”というポジティブなものもあれば、“期待されても困る。かえって重荷だ”というネガティブなものもあります。

期待ということに関する指導者と選手の関係には、さまざまなパターンが考えられますが、期待をするという心の動きには、自分が費やしたエネルギーの見返りとして一定の結果を出してほしいという思いがどこかに感じられます。

ある意味これは当然のことですが、一方で、指導者の期待どおりにはいかないというのも事実です。人はなかなか自分の期待どおりにならないのに、それでも思ったように動かそうとするからムリが生じるのです。

とはいっても、真剣にやればやるだけ、どこかで期待してしまうのが人間ですから、期待するときはメリハリをつけることを意識しましょう。

これは私の経験からいえることですが、選手に対して満点（10 割）を求めるなら、指導者は自分に必要な時間の 1.5 倍の時間を選手に与えて、待つ必要があります。同様に 7、8 割のできでいいのであれば、おそらくいまのままで OK でしょう。大雑把にそのくらいのとらえ方をしておけばいいと思います。

なかなか計算どおりにはいかないと思いますが、目安として練習や練習周辺の行動に関しては 10 割を求め、試合での期待に関しては 7、8 割程度に留める。このように期待にメリハリをつけて、焦らさず、急かさずを心がけましょう。

自分の弱みチェックシート

名前：＿＿＿＿＿＿＿＿＿＿＿＿

次のQ1からQ20までの質問について、「はい」か「いいえ」のどちらかを○で囲ってください。

Q1　自分はダメだな、できていないなと思うことがある　はい・いいえ

Q2　何年も“思い”だけで、実現できていないことがある　はい・いいえ

Q3　自分の弱さから逃げている、逃げたいと思う　はい・いいえ

Q4　“やらない言い訳”をしているような気がする　はい・いいえ

Q5　自分が言ったことを否定されるのが苦手、または嫌いである　はい・いいえ

Q6　他人からどう思われるのかすごく気になる　はい・いいえ

Q7　自分が納得しないと動き出したくない　はい・いいえ

Q8　“こうしたらできるのに”とわかっていてもやらない　はい・いいえ

Q9　自分はいまのままでいいと感じている　はい・いいえ

Q10　自分を棚に上げることが多い　はい・いいえ

Q11　自分の意見を押し通せば、相手が折れると思っている　はい・いいえ

Q12　何もない日常と波風がある日常なら、何もない日常のほうがいい　はい・いいえ

Q13	できれば苦しいことは避けて通りたい	はい・いいえ
Q14	新しいことにチャレンジしたくない	はい・いいえ
Q15	以前に失敗したことは、2度とやらない	はい・いいえ
Q16	楽して何かを得たいと思う	はい・いいえ
Q17	視野も考えの幅も狭いと思う	はい・いいえ
Q18	自分自身で自分の限界を決めている	はい・いいえ
Q19	こうだ！　と思ったら絶対譲らない	はい・いいえ
Q20	やる気はあるが、つづかない	はい・いいえ

※以下の部分は見ないようにしてチェックしてください

■評価基準

◎“はい”の数が1～5個……弱みが少なく、その弱みが何であるか明確なので、強みに変えられる可能性が高いです。

◎“はい”の数が6～10個……弱みが少々多めです。しかし、変わろうという意識が高いので、自分から動き出せば強みに変えられる可能性があります。

◎“はい”の数が11～15個……弱みが多いです。何から取り組むべきか優先順位を決めて、解決しやすいものから取り組みましょう。

◎“はい”の数が15～20個……弱みが非常に多く、自己肯定感も低い可能性があります。一気にやろうとしたり、焦りから短期間でやろうとするのではなく、1つずつ確実に対処する意識をもちましょう。そうすれば自分を確立していくことができます。気持ちを切らすと元に戻ってしまうので、意志を強くもって取り組んでください。

自分独自のチェックシート

1日ごとに項目の達成度を◎○△×でチェックしていきます。1シートで1週間なので、達成度の流れを把握することができます。項目については、そのときの状況に応じて適宜変更してください。
《記号》◎：よくできた　○：できた　△：まあまあできた　×：できなかった

【記入例】

今月の目標：時間の意識を忘れない

項目＼日付	4/2（月）	4/3（火）	
0：今月の目標	○	△	
1：起床時間	6：00	6：10	
2：身だしなみ	○	○	
3：ルーティーンの運動	◎	○	
4：気持ちの準備	◎	○	
5：効率性	△	○	
6：確認作業	○	○	
7：怒りのコントロール	△	×	
8：自己啓発・勉強	△	×	
9：腕立て伏せ	○	○	
10：就寝時間	1：00	12：30	

今月の目標：＿＿＿＿＿＿＿＿＿＿

日付 / 項目	／ （　）	／ （　）	／ （　）	／ （　）	／ （　）	／ （　）	／ （　）
0：今月の目標							
1：起床時間	：	：	：	：	：	：	：
2：身だしなみ							
3：ルーティーンの運動							
4：気持ちの準備							
5：効率性							
6：確認作業							
7：怒りのコントロール							
8：自己啓発・勉強							
9：腕立て伏せ							
10：就寝時間	：	：	：	：	：	：	：

■著者プロフィール

メンタルトレーナー　八ッ橋賀子（やつはしのりこ）

カウンセラー資格を取得、セラピスト資格を取得、アスリートフードマイスター資格を取得。千葉ロッテマリーンズのメンタルカウンセラーや日立製作所野球部のメンタルカウンセラーを務め、新宿区立創業支援センターの専門家としてメンタルトレーナーをしており、Baseball MAPSのメンタルトレーナーも勤める。水泳やテニスやトライアスロンの日本代表選手達のカウンセリングも担当している。メンタル面を主軸に身体や栄養の側面から総合的に選手を指導している。特に女性アスリートのメンタルカウンセリングやメンタルトレーニングにおいては、女性アスリート特有のメンタルの問題に力を入れている。教育委員会や体育会大学生の就職支援などでの講演なども行っている。

●制作スタッフ

◎企画・編集：美研クリエイティブセンター（Bcc）
◎カバー・本文デザイン：里村万寿夫
◎カバー・本文イラスト：糸永浩之

選手に寄り添うコーチング

2017年３月25日　初版第１刷発行

著　者　八ッ橋賀子
発行人　橋本雄一
発行所　株式会社体育とスポーツ出版社
〒101-0054　東京都千代田区神田錦町1-13宝栄錦町ビル3F
ＴＥＬ　03-3291-0911（代表）
ＦＡＸ　03-3293-7750
http://www.taiiku-sports.co.jp
印刷所　美研プリンティング株式会社

乱丁・落丁はお取り替えいたします。
定価はカバーに表示してあります。
ISBN978-4-88458-352-1　C3075
Printed in Japan